大展好書 好書大展
品嘗好書 冠群可期

武學名家典籍校注11

董英傑

太極拳釋義

董英傑 著
楊志英 校注

大展出版社有限公司

出版人語

武術作為中華民族文化的重要載體，集合了傳統文化中哲學、天文、地理、兵法、中醫、經絡、心理等學科精髓，它對人與自然和諧共生關係的獨到闡釋，它的技擊方法和養生理念，在中華浩如煙海的文化典籍中獨放異彩。

隨著學術界對中華武學的日益重視，北京科學技術出版社應國內外研究者對武學典籍的迫切需求，於二〇一五年決策組建了「人文・武術圖書事業部」，而該部成立伊始的主要任務之一，就是編纂出版「武學名家典籍」系列叢書。

入選本套叢書的作者，基本界定為民國以降的武術技擊家、武術理論家及武術活動家，而之所以會有這個界定，是因為民國時期的武術，在中國武術的

發展史上占據著重要的位置。在這個時期，中、西文化日漸交流與融合，傳統武術從形式到內容，從理論到實踐，都發生了巨大的變化，這種變化，深刻干預了近現代中國武術的走向。

這一時期，在各自領域「獨成一家」的許多武術人，之所以被稱為「名人」，是因為他們的武學思想及實踐，對當時及現世武術的影響深遠，甚至成為近一百年來武學研究者辨識方向的座標。這些人的「名」，名在有武術的真才實學，名在對後世武術傳承永不磨滅的貢獻。他們的各種武學著作堪稱為「名著」，是中華傳統武學文化極其珍貴的經典史料，具有很高的文物價值、史料價值和學術價值。

首批推出的「武學名家典籍」校注第一輯，將以當世最有影響力的太極拳為主要內容，收入了著名楊式太極拳家楊澄甫先生的《太極拳使用法》、《太極拳體用全書》；武學教育家陳微明先生的《太極拳術》《太極劍》《太極答問》；一代武學大家孫祿堂先生的《形意拳學》《八卦拳學》《太極拳學》

《八卦劍學》《拳意述真》；武學教育家陳微明先生的《太極拳術》《太極劍》《太極答問》。

本書為第三輯之一。民國時期的太極拳著作，在整個太極拳發展史上占有舉足輕重的地位。當時太極拳著作，正處在從傳統的手抄本形式向現代著作出版形式完成過渡的時期；同時也是傳統太極拳向現代太極拳過渡的關鍵時期。這一歷史時期的太極拳著作，不僅忠實地記載了太極拳架的衍變和最終定型，而且還構建了較為完備的太極拳技術和理論體系。

董英傑先生是楊澄甫的得意弟子，並協助其教學多年，既有很高的武學造詣，又有豐富的教拳經驗，可以說，如何把太極拳講解並教授得讓從學者心明身明，是董英傑終生的追求。不僅於此，他還將太極拳帶到香港、澳門、新加坡、馬來西亞。

這些名著及其作者，在當時那個年代已具有廣泛的影響力，而時隔近百年之後，它們對於現階段的拳學研究依然具有指導作用，依然被太極拳研究者、

愛好者奉為宗師，奉為經典。對其多方位、多層面地系統研究，是我們今天深入認識傳統武學價值，更好地繼承、發展、弘揚民族文化的一項重要內容。

本叢書由國內外著名專家或原書作者的後人以規範的要求對原文進行點校、注釋和導讀，梳理過程中尊重大師原作，力求經得起廣大讀者的推敲和時間的考驗，再現經典。

「武學名家典籍校注」，將是一個展現名家、研究名家的平台，我們希望，隨著本叢書第一輯、第二輯、第三輯……的陸續出版，中國近現代武術的整體風貌，會逐漸展現在每一位讀者的面前；我們更希望，每一位讀者，把您心儀的武術家推薦給我們，把您知道的武學典籍介紹給我們，把您研讀詮釋這些武術家及其武學典籍的心得體會告訴我們。我們相信，「武學名家典籍校注」這個平台，在廣大武學愛好者、研究者和我們這些出版人的共同努力下，會越辦越好。

導　讀

我在太極拳學術研究上雖然小有成就，十餘年來，一百多篇文章散見於《中華武術》《少林與太極》《中國功夫》《武當》《太極》《武林》《武魂》《搏擊》等雜誌。但是，當王躍平老師交來點校《太極拳釋義》的任務時，我心中不免有些忐忑。點校拳譜，頭一次接觸，唯恐難當此任。可是推辭的話又說不出口，再加上筆者對該書作者董英傑先生心存敬畏。於是，就硬著頭皮去做嘗試了。

說起來，筆者和董公多少有些淵源。因為，他學的太極拳就是從我們廣府走出來的。再者，他和筆者的授業恩師吳文翰先生是同鄉，都是邢台人。

董公英傑，名文科，字英傑。出生於光緒二十三年（一八九七年）農曆十月初八日，卒於一九六一年七月五日，河北邢台任縣北街人。祖上務農，自幼喜書愛棋，聰穎勤奮。因體質較弱，十三歲時祖父讓他跟劉瀛洲（當地著名鏢師）學武強身。不久，劉又介紹他跟劉增魁（楊兆林弟子）學習太極拳。從此，與太極拳結緣，並成為畢生的追求。因進步很快，劉先生便把他推薦給李香遠先生（郝為眞弟子，人稱「太極聖手」）系統學習時稱「郝架」的太極拳。「苦練經年，技大進。李嘉之，命歸家自練，約期造府傳授。」（見《董師英傑事略》）數年後，董英傑赴北平拜在楊澄甫先生門下，習練「楊架」太極拳，遂成為楊師極為器重的弟子，隨待左右，助師教拳，往來於大江南北近十年。曾協助楊師出版《太極拳使用法》。

一九三六年移居香港後，先後在香港、澳門創立「董英傑太極拳健身館」。他常年奔波於香港、澳門、泰國、新加坡、馬來西亞教拳，弟子眾多，如劉同祿、連忠恕、張忻、陳寧、顏福延、郝奇、宗之鴻、宗毛之、孫僧岑等。有三子一女，均稱家學。子名：虎嶺、峻嶺、俊豹，女名茉莉。尤以虎嶺、茉莉最為著名，長期在香港、美國等地傳拳。

一九四八年，董英傑著《太極拳釋義》一書於香港出版，至今再版十餘次，可見其影響之巨。董先生集李師香遠所授之功勁、楊師澄甫所授之輕靈於一體，加此自己體會頗深，所演拳勢在楊澄甫架子基礎上加以收斂，形成張弛有度、不速不遲、輕靈活潑、外柔內剛、氣勢卓然的獨特風格，別具神韻。他雖以教授楊式太極拳而享譽海內外，然楊、武太極（拳）本一家。這在董先生身上得到最好的體現。

《太極拳釋義》為董先生傾心之作，然而，因時代有變、文風所致等，可能今人讀來有些吃力。筆者懷敬畏之心勉力點校，以求通俗易懂。重在「點」，而疏於「校」。側重於拳理、拳法、拳史的評述，力爭點評到位。

筆者愚拙，資質尚淺，雖竭力為之，仍恐愧對先賢，貽誤後學。假如有些許益處，亦慰吾心。謹記。

楊志英 於廣府

玄玄子署

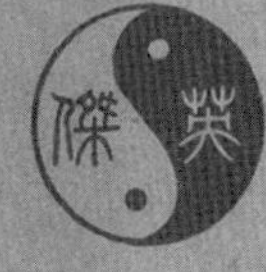
英傑

太極拳釋義　目錄

歌訣論解

習拳須知

太極拳式

太極推手

附　錄

黃序

中國拳術，自來分內外兩家。王士禎云：「拳術之勇少林為外家，武當張三峰為內家。」今海內流行之太極拳，則云傳自三峰也。考三峰名通，字君實。先世豫章人，後徙居遼陽。明洪武間，居湖廣武當山。湛通道法，技拳絕倫。所傳太極拳名十三勢者，有山右王宗岳於太極蘊義，闡發至盡。今所傳《太極拳經》《十三勢行功心解》皆宗岳撰也。

宗岳以其技傳至浙江陳州、同河南蔣發，由是其門人分傳南北。南由州同而傳遞張松溪，而葉繼美，而單思南，而王征南，皆浙東人。以松溪、征南為最著，後不得其傳；北則由蔣發傳之陳家溝陳姓，數代而繼之陳長興，長興傳之楊祿禪。祿禪河北廣平人，盡得長興秘傳。益以苦練技臻絕境，聲華最顯。

愛好拳術者，多從之學，稱弟子焉。

祿禪有子三：長鳳侯、次班侯、三建侯，均傳其學。班侯、健侯二人傳其家，中有振遠、少侯、澄甫。班侯、建侯又傳至外姓弟子數人，有陳秀峰、萬春、全佑、凌山、王茂齋等，其他惜未能一一知其名字云。自祿禪以來，先後垂五十年，太極拳幾為楊氏之家學。自南方香火失繼，此道獨行於北方。凡黃河兩岸、燕山太行，紹其統緒者不可勝述。自荊楚而吳越，五嶺以南之流行乃為後來事耳。

太極拳象徵陰陽循環之理，陰陽也，虛實也，動靜也，開闔①也，循環周行，貫串延綿不斷也。由此，陰陽、虛實、開闔、動靜，而周行貫串循環不斷，其運動變化無窮。凡外家拳必硬必快，練太極雖柔慢，用時則神速。柔取其圓轉綿延，慢所以靜，靜所以定，故能以靜待動、以柔剋剛也。

太極拳最貴虛實，而忌雙重。雙重，謂無虛實也。虛實之間，必有重心，曰中定。每一虛實皆有中定，有變化。中定之機，其根在腳，發於腿，主宰於腰，而形之於指。其動作而鼓蕩，則沉死、鬆胯、淨腹、涵胸、拔背、沉肩、垂肘。以此鼓蕩，發而為一種潛在之內力。內家不名之曰力，而名之曰勁。勁之為義有五：曰粘、曰連、曰黏、曰隨、曰不丟頂。粘者，提上拔高也。連者，貫也，不中斷也。黏者，貼也，彼進我退，而彼退我進也。隨者，從也，捨己以從人也。不丟頂者，言不丟、不頂、不脫離、不抵抗、不搶先、不落後，如粘如黏，而丟之不開、投之不脫也。

其精義則總括之於十三勢，十三勢者八門五步也。八門，四正方四斜方也，亦即掤、擺、擠、按、採、挒、肘、靠之八法也。五步，則前進、後退、左顧、右盼、中定也。或以八門比諸八卦，五步比諸五行四方四角。而陰陽開闔，回環不斷，故十三勢又名長拳。

長拳者，如長江大海滔滔不斷也。至其精微玄妙之處，所謂沉著鬆靜；所謂氣鼓蕩神內斂；所謂人剛我柔，我順人背；所謂極柔軟而後極堅剛；所謂以心行氣，以氣連身；所謂力由脊發，步隨身換；所謂動急急應，動緩緩隨；所

謂心為令、氣為旗、腰為纛②；所謂先心後身，氣斂入骨，已詳於宗岳所論。非有經久之體驗，具甚深之造詣，莫能領會。

中國拳術，無論外家內家，均各有獨到之處。其所以不宏，或竟至中道斬絕，厥故有五：歷來教法之不尚，與學者之畏難一也；授受悉憑口耳，無文字記載以補口耳之不足二也；即或有之，專講文字空談理論，而不求太極拳真功夫自損其價值三也；門戶各立，勢同水火四也；歷代重文輕武，士大夫故作鄙夷五也。有此五因，中國拳術，乃淪於市井之技，無由達於社會。

晚近國人漸知，提倡拳術，不遺餘力。南北內外各家長足競進，省市部會均有拳社之創立。公開研究，力矯已往之失。而學校功課，亦以體育為重。中國人種之改造，此其轉機乎。

河北董英傑先生，今中國太極拳之名師也。出楊氏澄甫門，為楊學嫡傳。數十年寢饋斯道，未嘗一日間斷。足跡遍南北各省，所至授徒，善誘不倦，門人述其軼事甚多。嘗與人交手，從容若定。其人奮拳擊先生，先生不以為意，略一推手，其人已跌出丈外。是先生之技，已由妙境而進於化境矣。

余於南北內外各家之拳，均愛好而未嘗學。廿五年冬，執役北平中法大學，聞有洪君者，精太極拳，始學焉。法國友人邵可侶先生，執教北京大學，亦學焉。惜為時未久，南歸以後，強半荒廢，及來濠鏡③，始識先生。最近先生編《太極拳釋義》一書，凡二百六十圖，由王君希逸為攝影，徵序於予。余非能太極拳，不過略解其意。因抒鄙見，述其大要如此。

黃尊生

【注釋】

①閤：音ㄏㄜˊ，同「合」。

②纛：音ㄉㄠˋ，本意指軍中的大旗，此處借指發動的源泉。

③濠鏡：澳門的舊稱。

按：黃尊生（一八九四—一九九〇年），廣東番禺人，著名學者，中國世界語運動之先驅。黃先生所寫序言，闡述拳理精微透徹、極有見地；然而，對拳史之記述則疏於察考，甚顯敷衍，其誤有三：

㈠「中國拳術，自來分內外兩家……」此言謬矣！中國拳術於民國之前是以長拳和短打類分，無內外家之別。以腿法見長之北方拳種屬長拳類，以拳法見長之南方拳種屬短打類。故，太極拳在清代屬於長拳類。

㈡內家拳，本為武術之一種，明代承傳有序，相傳盛於浙江一帶，出現過陳州同、張松溪等名家。清代王征南、黃百家傳授此拳，原有應敵打法、穴法、練手三十五、練步十八、七十二跌、三十五拿、十四禁犯病法等內容，後於清代逐漸勢微而失傳。故，內家拳和太極拳於民國之前屬於兩個拳種，承傳脈絡不能混為一談。

㈢拳術分為內外兩家見於民國年間，查閱相關資料，概始於孫祿堂先生（一八六〇—一九三三年）於一九二四年編著之《太極拳學》一書，後被廣為沿用。此方為太極拳屬於內家拳之肇始。

黃先生之所以將「內家」「太極拳」「張三峰」「王宗岳」「陳州同」「張松溪」「王征南」「蔣發」「陳長興」「楊祿禪」等等相混淆成為一條傳承脈絡，一則緣於耳聞，未及詳查核實；二則研究拳史，並非先生專長。無心之錯，大可原諒。

另外，《黃序》中寫道：「……《十三勢行功心解》，皆宗岳撰也。」也存在失誤，《十三勢行功心解》實為武公禹襄（一八一〇——一八八二年）所撰，下文將作詳述，此不贅言。

林序

太極拳之動作與運動，無處不合於生理衛生之條件。故體鬆勁柔，所以無激烈之害。一動全身皆動，所以無偏頗之弊。以意連身，呼吸自然，所以無滯氣損肌之急。立身中正，不偏不欹①，所以有矯正姿勢之效。且氣斂入骨，有易骨換髓之妙。意之所至，更可使不隨意之肌肉亦能動彈。氣沉丹田，則臟腑隨之而蠕動。神凝氣固，則精液不散。

習之者能使神經健全，呼吸深長，血液流通，消化增良，排泄暢通，而助新陳代謝之功用。習之既久，更能使身體靈活，思想敏捷。及養成持久耐勞忍苦等美性，而予吾人事業上、教育上以莫大之助力。

其在身體上之價值，實為妥善之運動。且他種運動，須有廣大場所，多項器械，及集合多人，方能實行；或則宜於壯者，不宜於老幼。太極拳則不然。無須廣大場所，置備器械，復免集合多人同習之煩。一人可練，多人亦可練。宜男宜女，宜老宜幼。其實施便利，既合體育生理衛生各條件，復為終身可練有永久性之運動，誠有體有用盡美盡善之國粹體育。高尚道德之人，盍②一致提倡，以福我同胞，而闡揚我國光也？

弟子　林伯炎撰

【注釋】

①欹：音ㄑㄧ，同「攲」，傾斜，歪。

②盍：音ㄏㄜˊ，何不。

按：林伯炎，畢業於上海精武體育師範學校，曾練習譚腿、鷹爪、螳螂、形

意等拳術，亦得楊澄甫（一八八三—一九三六年）、吳鑒泉（一八七〇—一九四二年）、孫祿堂、黃柏年等前輩指點。後拜師董英傑先生，系統學習楊傳太極拳學。一九六七年，在新加坡成立伯炎太極健身會。

林先生之《序》，重點闡述太極拳運動對「生理衛生」之影響，稱太極拳為「盡美盡善之國粹體育」。今天讀來仍然令人振奮。

胡序

吾國拳術，大別之為內外功兩派。而有益身心，收效極宏，莫若內功太極拳。蓋外功拳術尚力，太極拳尚氣；外功尚剛，太極尚柔。故無論男女老少壯弱，均可學習之。

鄙人素稟孱弱，早年曾患氣促痰喘，屢醫罔效。旋得一同學黃君勸習太極拳，並授以運動方式。據稱毋須服藥，習既久諸病自除。遵之，初習旬餘，味同嚼蠟。復據黃君屢道此中神妙，姑耐心習之。月餘漸覺精神煥發，興趣盎然。由是習之不懈，不一年諸病悉除。

迨民廿七年，違難香江。復得大極拳專家楊澄甫嫡傳董英傑先生，將從前所學方式，加以矯正。並授以陰陽、開闔、伸縮、疾徐、呼吸相應之理，忽忽

習又數年，遂將從前一切萎靡不振之態，廓而清之。益覺丹田氣壯，血液暢通，體重不加肥，遇勞不覺倦，其功真非筆墨所能殫述。鄙人奉以為護身驅病至寶，日必習之，如服一貼補藥焉。茲者董先生將《太極拳釋義》刊印成書，鄙人謹以獲益於斯道，略述數言於此。

及門　胡文軒謹述

按：身為徽商之胡文軒，以自身療疾體健之經驗來佐證太極拳運動功效，令人信服。

周序

我國人之謀健康者，恒取資於飲食與丸餌。實則烹宰傷生，藥物鮮當，其收效之能否神速，殊屬疑問。西人大不謂然也。西人圖強，注重運動，運動技術，千端萬緒。要皆視如菽粟水火，不可一日離。是以修幹偉軀，以侏儒目我。不知我國運動，固有出神入化之國粹。不獨西人所未喻，即我國老年拳術家亦未有諳其奧妙者，則太極拳是也。

太極拳創始於武當張三豐祖師，師偉人，亦屬異人。其手創拳術拳名，有十三勢，凡三十七式，二百六十紀。採天地陰陽之精理，變化無窮。其循環旋轉，又如日月之不息。神而明之，可以愈羸，可以益壽，亦可以禦侮。其術由北而南，身受益處，何止千百，不知凡幾矣。

予患胃病，經已數載。每苦飲食之窒礙，居恒鬱鬱不安。天假之緣，前數年董師英傑因香港事變來澳。同人設館於天天俱樂部，奉為導師。日鍛月鍊，予亦捧手其間，習至四月，飲食增進無礙。再越兩月，其病若失。迄今數年，體量亦較增重。設非予身受其益，斷不信運動之效可至於此，然亦幸遇董師耳。

弟子　周蘭陔謹述

按：周蘭陔同樣以療病經驗與讀者分享，「非自身受益，斷不信運動之功效可至於此」。鼓勵國人習太極拳，多加運動，強健體魄。

譚序

太極精微重守中，璇機變化妙無窮。
董師編纂成書後，上下相隨盡景從。

受業　譚耀川敬頌

按：兩句詩，言簡意賅，卻意味深長，道出修煉太極拳之兩個要點——「守中」與「上下相隨」，其「玄機」盡在董先生《太極拳釋義》之中。

黃序

鄙人素稟孱弱，冬令頻冒傷風。曾於二十年前，在書坊購得《八段錦》一本練習。但雖按圖仿學，始終乏師指導。其中奧妙之處，茫然無知，引為憾事。久聞河北董英傑先生，為中國太極拳名師，出自楊師澄甫老先生之門。足跡遍江南各省，所至備受歡迎。民廿八年，董師適蒞香港。仝①人於是年四月，敦請董師來澳教授。假寄閑地方為館址，月來教數次。得黎君柱石為佐教，遂與同志等每晨練習。黎君亦循循善誘，迨香港事變後，請董師來澳。朝夕得聆桀②誨。由鄙人商借平安戲院習早場，孔教學部習夜場，風雨無間。數年以來，不特前病若失，覺精神體魄，似比前猶勝。鄙人今年已六十又五矣，步履視往昔較為穩健。謂非太極拳之功，其可得乎？今夏董師將《太極拳釋

義》刊印，鄙人謹將獲益於太極拳者，略述數言。

及門　黃豫樵護②述

【注釋】

①仝：音ㄊㄨㄥˊ，意同「同」。

②榘：音ㄐㄩˇ，意同「矩」。

③護：應為「謹」之誤。

按：黃豫樵，時為澳門知名風水先生，文人圈中富有盛名。其序不僅談太極拳健身療疾體會，更記錄一則鮮為人知之史料，即董公避離日寇佔領下之香港居於澳門，是受這位黃先生邀請。

董序

余拜師傅，學了三年，練功七年，十遍寒暑，三易肥瘦矣。精神足滿，眼神光芒外射。渾身不怕打，不知病，惟打人未敢魯莽耳。時盼我師蒞滬，續請教誨，以完初志。

得道傳道大行其道，練功成功不負此功。

吾師拳書編成，略上淺言，非敢荒唐。因近習拳同志，皆知拳能養身，不知拳能防身。學成柔而無能，如此以往，將來失其謂之拳乎？故此語激勵同志，有恆學深造也。

弟子　董世祚

按：董世祚先生善於推手，因而他在序言中強調不僅要知道「拳能養身」，更要懂得「拳能防身」，以免「失其謂之拳」。「得道傳道大行其道，練功成功不負此功」。

說得妙極！同時，他身體力行做得很成功。他是英傑先生弟子中之佼佼者，為傳播太極拳作出突出貢獻。

溫序

吾國拳術，大別分為內外兩家。各家以相傳日久，取法漸有分歧。迄今派別雖多，然能運用輕靈，法尚神妙者，其為太極拳乎。太極拳創自宋末張三峰先生，由太極變化而成拳。能以靜制動，以柔制剛。日常練習，可以健身，可以延年。造詣較深，則更可以禦侮。自明迄今，代有傳人。薪火綿延，不絕如縷。自楊澄甫祖師出，道乃大行。

英傑老師為楊祖師高足，躬承衣缽。追隨杖履者①幾及二十年。荷厥甄陶②，藉其砥礪。用能探玄窺秘，識遠智微。模楷友生，津梁③後學。二十年前，廣州習拳同志禮聘來粵，廣傳絕技。法針砭俗，神手點金。青衿④組帶，濟濟趨塵。高蓋⑤華軒，侁侁⑥捧手，或坐風而立雪，或負笈而袪衣。若水歸墟，如星拱極。顧盼感風雲之氣，吹噓揚行素之芬，甚盛事也。

今日者，樹既成蹊⑦，鍼⑧皆補袞。待用者，不為恒絲庸帛；就植者，自非苦李寒桃。點瑟堪誇，尼牆可接。顧以及門之既眾，遂思睽跡⑨之恒多。徒切山高水長之思，不少雲飛泥滯⑩之慨。是用有「釋義」之作，將以永銘教澤，共企光輝。豈惟道統之克傳，庶幾聲氣之同應。淵源有自，宗派斯尊。驥尾⑪可追，龍門未遠。亦及門諸子所樂聞歟。是為序。

溫伯琪

【注釋】

①杖履者：對老者、尊者的敬稱。

②甄陶：指燒製瓦器。意為培養造就。

③津梁：指渡口和橋樑，比喻起引導、過渡作用。

④青衿：青色交領的長衫。借指學子。

⑤高蓋：高車。借指顯貴者。

⑥侁侁：音ㄕㄣ ㄕㄣ，形容衆多。

⑦蹊：音ㄒㄧ，小路。

⑧鍼：音ㄓㄣ，同「針」。

⑨睽：音ㄎㄨㄟˊ，應為「睽」，違背、不合。

⑩雲飛泥滯：原成語為「雲飛泥沉」，比喻懸殊極大。

⑪驥尾：語出《史記·伯夷列傳》：「顏淵雖等學，附驥尾而行益顯。」司馬禎索隱：「蒼蠅附驥尾而致千里，比喻顏回因孔子而名彰。」後用比喻追隨先輩、名人之後。

玄玄子序

河北任縣董英傑先生，幼好技擊。讀書之暇，遍訪名師，虛心請益。燕趙之間，本多悲歌慷慨之士。先生近水樓臺，得各派真傳。嗣遇順德李香遠先生授以內家拳太極十三勢，功益精進，名播遐邇。先生時已三十餘矣，自覺未能登峰造極，擬再訪名師，以求深造。輾轉數省，訪師實難。後聞楊氏太極拳乃天下真傳，先賢楊祿禪之孫楊澄甫先生，時授徒北平。先生負笈往投，隨師南下，程門立雪①者十年。澄（甫）先生鑒其意誠，盡將所得授於先生。

先生推而化之，期年②豁然貫通。輕靈剛柔，變化無方。先生曾曰：「昔日師尊諄諄教誨，當時不明其意。一旦貫通，方悟一言一動，盡屬玄妙。集李氏之功勁，楊氏之輕靈於一身。師恩難忘，今日方知太極拳也。」

竊思強國必先強種，強種必先強身。如各國之於拳擊，甚為重視。吾國國粹豈能任令其湮滅？乃請之先生，將所學心得，製成圖文，刊行海內。俾好武同志，有所借鑒。庶幾③先賢之學，不致湮滅。

先生曰：「吾所願也！吾所吝者，不肯妄傳匪人耳。既志在發揚國粹，吾當盡其所學暨先賢留傳口訣，附以圖表，刊行海內。定名曰《太極拳釋義》，供好學諸君子備作參考。」先生是書，言昔人所不言，發今人所未發，一卷刊行，定當洛陽紙貴。精奧備錄，實好學者之福音也。

戊子秋七月玄玄子序於香島

【注釋】

①程門立雪：舊指學生恭敬受教。比喻求學心切和對有學問的長者的尊敬。

②期年：亦寫作「朞年」，意為一整年。

③庶幾：此處為希望之意。

按：玄玄子，傳說中「張三豐」之別稱。故，此序肯定是託名之作。

序中除記錄著書緣由目的之外，其間透露出一則資訊值得當代研究者關注，即在當時，李香遠先生（一八八九—一九六一年，師承郝為眞先生，所傳之拳今稱武式太極拳）、楊澄甫先生雖師承不同，但均以太極拳相稱，無武式、楊式流派之分。

自序

古者六藝：禮、樂、射、御、書、數，絃歌①而外不廢武事。拳術與古六藝之中「射」字同其意義，可作藝術推手進步之研究。但只應用以防身，不可挾勇而打鬥也。習拳同志，當以禮讓、道德、忍耐、涵養為先。張良論中云：「古之所謂豪傑之士，必有過人之節，人情有所不能忍者。匹夫見辱，拔劍而起，挺身而鬥，此不足謂勇也。」（此言不可挾勇打鬥）又云：「天下有大勇者，無故加之而不怒。」言其有忍耐、涵養。此所以挾持大而其志甚遠也。練壯身體，作大事業，為國家有用之才，其志在斯。

孟子云：「天將降大任於是人也，必先苦其心志，勞其筋骨。」此言人當運動，尤須恒心毅力。練太極拳應不畏勞苦，以數月之艱辛，換取終身之康泰，其受用為何如耶？

禮讓、道德、忍耐、涵養、練功。

董英傑

【注釋】

①絃歌：絃歌，本指用絃樂器伴奏而吟詠，泛指讀書、教學活動或禮樂教化。絃，同「弦」。

按：「禮讓、道德、忍耐、涵養、練功」十字箴言，實乃眞知灼見！修煉太極拳不做「挾勇打鬥」之匹夫，而「練壯身體，作大事業，為國家有用之才，其志在斯」，振聾發聵之言，雖已過六十餘載，依舊令人警醒。

武當山祖師觀雀蛇鬥智圖

太極拳，傳自張真人。真人遼東懿州人，道號三峰，生宋末。身高七尺，鶴骨松姿，慈眉善目，修髯如戟，頂作一髻。寒暑唯一箬笠，手持拂塵，日行千里。

洪武初至蜀太和山，結庵玉虛宮修煉。後至陝西寶雞山，又入湖北武當山。與鄉人論書經，談說不倦。

一日在屋誦經，有喜雀其鳴特異。真人憑窗視之，雀在柏樹如鷹俯瞰，地上有一長蛇，蟠①結仰視，二物相爭。雀鳴聲飛下，展翅扇打，長蛇搖首微閃避過。雀一擊不中，翻然飛返樹上。移時性燥，又飛下翅打。長蛇復蜿蜒輕身閃過，仍作圈形。如是多次，並未打著。後真人出視，雀飛蛇走矣。

真人由此而悟，蟠如太極，採剛柔，按太極陰陽變化，組成太極拳。養精氣神，動靜消長，通於易理。傳之久遠，而功效愈著。

北京白雲觀、陝西寶雞山，現存有真人聖像古跡，可供瞻仰云。

【注釋】

①蟠：音ㄆㄢˊ，盤曲。

著者像

民國卅年英傑太極拳同門合照攝於香港

民國三十年英傑太極拳同門合照攝於香港

民國三十三年申十月初八慶祝董夫子生辰太極拳社同人合影

民國三十八年十一月二十七日董老師壽辰香港英傑太極拳同人公宴攝影

公曆一九五三年元月四日英傑太極健身院同人歡宴董虎嶺攝影

一九五五年雪蘭莪精武體育會歡迎董英傑先生大會同人合影

一九五六年泰國英傑太極拳同門歡迎董虎嶺先生合影

一九五七年十月初八日董老師壽辰與香港英傑太極拳同人合照

澳門英傑太極拳社同學會開幕紀念(一九五七年十一月二十一日)

新加坡九龍堂太極拳健身班開學紀念暨本坡新舊同學合影(一九五八年九月二日`)

著者手書

董師英傑事略

董師河北任縣世家也，祖業農。幼聰穎，惜體弱。童年好讀書，兼嗜習武事。請於祖父，許之。適其世好劉瀛州先生在座。劉為老拳術家，曾與廣府太極拳名師楊老振先生為盟友，深知太極為最高之拳術。祖命拜劉氏學習，劉問志。答曰：「願學天下最好之武術，健身自衛，他日功成必發揚國術之光。」劉羨其志，隨先授一個「攬切衣」。時劉氏已年逾古稀，只可耳提口授。經數月請老振先生之弟子李增魁，授完全套太極架子（即十三式）。越年，劉氏攜吾師往會甯村訪李香遠先生，李府石屋高聳宅壯如城。李迎劉於門外，見李年少儒雅，彬彬有禮。至宅坐談，未久，劉命跪呈帖拜師。李師隨命演拳一看，後又授以用法。使一中指用內勁微按肌膚，痛入骨髓。吾師神其技，知為隱居

高人。遂留居苦練經年，技大進。李嘉之，命歸家鄉自練，約期造府傳授。及抵家園，體魄魁梧，不復當年荏弱矣。

自是闢室自居，文武兼修，廣納豪傑。每有訪者，必留居之。日必酒肉盛待，以武會友而求博學。未幾，好學慷慨之名不脛而走。身懷絕技者亦遠道而來，面授精奧。吾師獨愛太極拳，慕北平楊氏名，又別鄉井再求深造。抵平時，友好每謂楊氏功夫代不外傳，請毋徒勞。吾師曰：「惟志誠能感天地。昔武俠劍俠皆義氣待師，忠實感情而得傳，已有前例。厚待師傳得真傳殊非難事也，拳如不外傳何以得自陳家溝？依法求學得到而後已。」乃踵門拜楊師澄甫先生為師，求學不倦。迨楊太老師南來，攜吾師同行，隨侍晨昏三年，功臻輕巧矣。時有機緣得遊南京、上海、杭州、蘇州各處名勝，遊山玩水，藉以會友。寓蘇州時，前師李香遠先生來蘇。吾師狂喜叩拜，李曰：「知汝好學，隨楊師足跡遍大江南北。今以師徒之份特來訪，知汝功夫尚未到家。南方有功夫之拳術家甚多，恐汝吃虧，於師傳名譽不雅。今再傳汝內勁功夫，囑要悟、要練、

自成，庶可放心矣。」李師住蘇州年餘始北行。二十年前，楊師應廣州之聘，吾師隨太老師南來，又得恭侍左右。時已隨楊師十年，到至誠感應，楊氏家學亦已得之矣。嗣後，與師弟楊守中共承衣缽，留粵宣傳太極拳術，以繼師志。十餘載於茲，桃李芬芳，遍佈國內外。粵港陷落隱居澳門時，頗愛書畫。日以品茗著述自遣，不問世事。其品格清高，殊堪敬佩。而偶一興至，必演其身手，以示眾徒。動如遊龍，靜似山岳，具輕靈沉靜之巧。及試其運勁各種妙法，或輕舒猿臂，發人於丈外；或蓄勁含胸，化巨力如擊絮。虛虛實實，神乎其技。設非身歷其境或個中健者，似未敢置信。夫子之道誠高深莫測也。吾師嘗言得楊師口授，得李師指點，不敢自當成功，但知真太極拳門徑耳。

弟子　李琪佳

按：《事略》所述董先生學拳經歷甚詳，太極拳學得自李增魁、李香遠、楊澄甫之傳。其間所述文字，同樣未見某氏或某派太極拳之說。再次證明，彼時太極拳尚無家族宗派觀念。

太極拳系統表

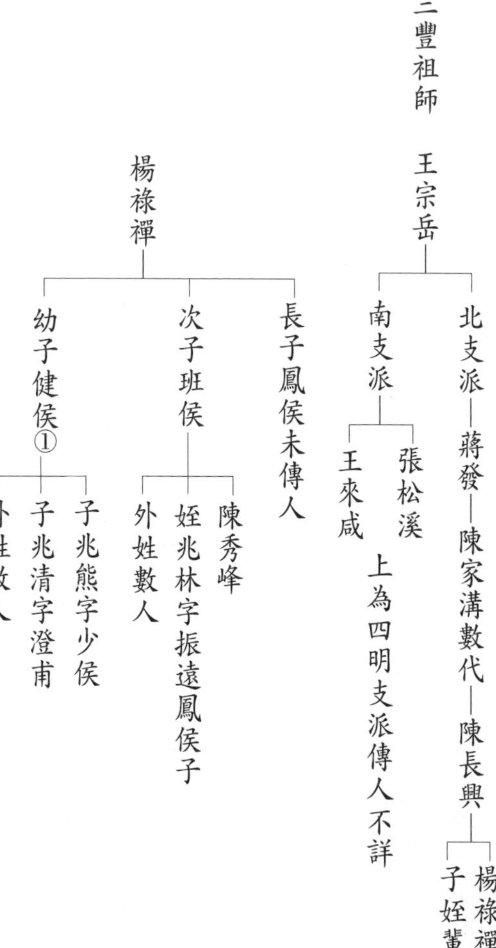
張三豐祖師
王宗岳
北支派
蔣發
陳家溝數代
陳長興
楊祿禪
子姪輩
南支派
張松溪
王來咸
上為四明支派傳人不詳
楊祿禪
長子鳳侯未傳人
次子班侯
陳秀峰
姪兆林字振遠鳳侯子
外姓數人
幼子健侯①
子兆熊字少侯
子兆清字澄甫
外姓數人

英傑受業於楊老師澄甫。吾師所傳弟子遍於海內，人才傑出者，何止千人，實難一一備錄，尚希諸位師兄見諒。余在上海、廣州、港、澳各地，所授亦在數千以上，亦不及一一備錄，希諸友見諒為禱。

【注釋】

①建侯：應寫作「健侯」（一八三九—一九一七年），楊祿禪之子。

按：該表中「侄兆林，字振遠，鳳侯子」的記載十分珍貴。因為，多處文獻記述：楊鳳侯早亡，無嗣。而此處關於鳳侯之子記載，絕非董先生杜撰，肯定出自其師澄甫公之口。如此，便使得河北邢臺一脈傳自鳳侯之子楊老振（即楊振遠）的太極拳有了可靠依據。

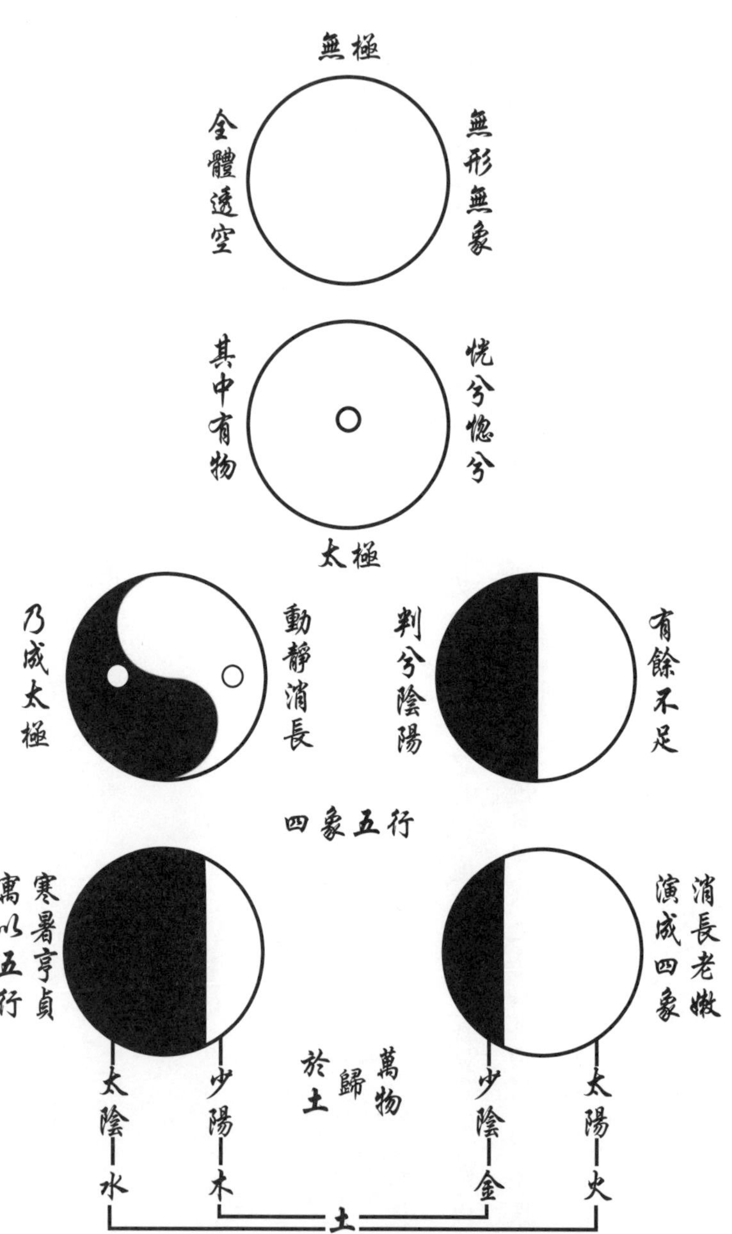
無極
無形無象
全體透空
恍兮惚兮
其中有物
太極
有餘不足
判兮陰陽
動靜消長
乃成太極
四象五行
消長老嫩
演成四象
寒暑亨貞
寓以五行
太陰
少陽
萬物歸於土
少陰
太陽
水
木
金
火
土

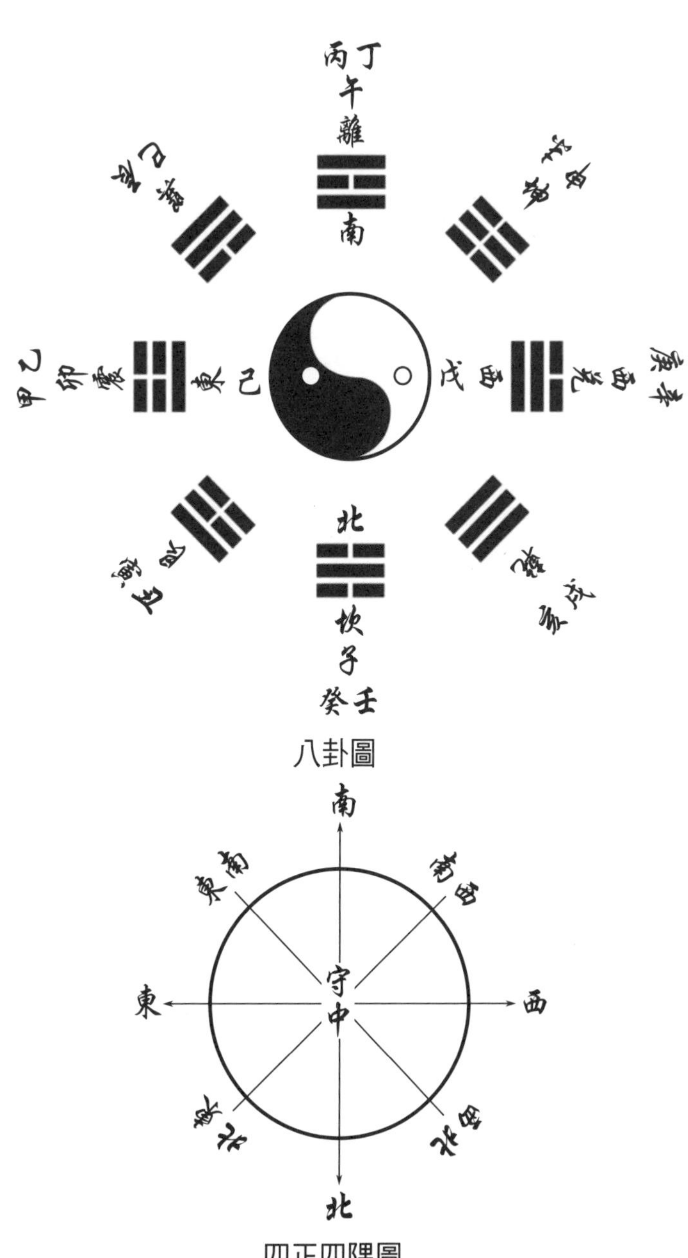

八卦圖

四正四隅圖

凡例

㈠本書所列無極太極八卦五行諸圖，乃先賢解釋學理之用。其意由無形無象判分陰陽，再由陰陽動靜分成四象，四象之老嫩演成五行，山川日月上下六合而成八卦。學太極拳者，乃由八卦五行練起，至無形無象而大成。故讀者以符號目之可也，不必泥而究之。

㈡本書太極拳架子圖共二五八幅，各有名稱，各有解釋。解釋不厭求詳，故不求文字之茂麗。

㈢架子圖所以示範後學，用代原人。故必須力求迫肖，勿失其真。例如古字古畫，差一分一厘即神彩盡失，毫無價值矣。若架子圖只用摹仿之繪圖畫像，必難得真確。非但不易遵循，更恐以訛傳訛，貽誤於人。故著者特不惜工資，製成精美圖片，庶使能顯現原人姿態神情。學者按圖索驥，自易明白領悟，進步加速。

㈣是書乃發揚國粹，不湮真傳。故將心得全部刊出，辭不模稜，文不掩飾，公開作科學上之研究。

㈤昔人授拳，僅授口訣，極少形之於筆墨。現將先賢遺留歌訣，全部刊出。其不詳者，再於《經驗談》中補述之。

㈥《經驗談》二十則，乃平素經驗之談。諺云：「欲知山下路，要問過來人。」讀者細心體會，勿以等閒目之。

㈦前人所傳口訣，僅「輕靈鬆軟，外柔內剛」八字而已。學者以此八字對核原文，自可領悟。

㈧外界有云：「楊氏太極拳，有大、中、小三套架子。」實則僅此一套。練熟之後，由熟而化。或高或低，或快或慢，隨心所欲。編者於四十年前，見鳳侯先生之子兆林先生之拳，係楊班侯先生親授，乃係緊湊之架子，打來不快不慢。澄甫先生係寬大柔綿而緩。少侯先生則緊湊而速。余乃集三位先生之意，收斂而不速不遲。此乃成功之後，隨心所變者也。倘初習者，仍以澄甫先生之架子為根基。希讀者勿疑架子為三套也。

㈨有云：「太極拳功勁，有一部分失傳。」此係欺人之談。倘盡心研究，必可得全體大用之一步，惟須有「勤恒」兩字。

㈩練拳為基本，如學字先寫九宮格也。練成之後，正、草、隸、篆，隨心所欲。至各種兵器，亦然如此。拳成之後，無論何種兵器，均可得心應手。其原理即將手接長一部分而已。學者以此揣摩，即可領會。

按：《凡例》中有一段評價楊兆林、楊少侯、楊澄甫拳勢運行異同之文字，十分重要。因為，近些年，太極拳界陸續出現了據稱得自楊祿禪、楊班侯（一八三七—一八九二年）、楊少侯眞傳之拳藝，與傳統楊式太極拳套路、練法、理法頗有異處。

而董先生所述可作為判別眞假「楊傳太極拳」之重要依據，他寫道：「外界有云：『楊氏太極拳（注者按：非指太極拳一個流派，而言楊氏祖孫三代傳授之太極拳術），有大、中、小三套架子。』實則僅此一套。練熟之後，由熟而化。或高或低，或快或慢，隨心所欲。」

「鳳侯先生之子兆林先生之拳，係楊班侯先生親授，乃係緊湊之架子，打來不快不慢。澄甫先生係寬大柔綿而緩。少侯先生緊湊而速。」

董先生之言，足可證「一套架子，三種風格」這段史實。

太極拳源流論

太極拳之名，始於何時，稽諸史實，未有確論。相傳始祖係宋時張三豐，因偶觀雀蛇相鬥，悟剛柔之理，按太極陰陽變化，創為太極拳，其詳見上《張三豐祖師觀雀蛇鬥智圖》①小記。

而宋氏家傳太極功源流支派論，則稱唐代許宣平已有太極功。雖不稱「拳」而稱功，然所載三十七式，與楊家所傳者，名稱大致相同。

想太極拳由來已久，至張三豐而集其大成，至王宗岳而發揚光大。其傳流派系，卷首序文已詳及。太極拳系統表更列而明之，毋庸贅述。

考昔之言武技者，多守秘自珍，不妄傳人。有之亦多出於口授，鮮有形諸筆墨。縱有秘笈，亦不易流傳於外。欲引證考據，殊非易易。然張三豐之於太極拳，猶孔子之於儒家，學者宗之。乃尊師重道之義，千百年來，奉敬不渝，後學更無置疑之必要。下文宋氏所記，聊供參考云耳。

【注釋】

①《張三豐祖師觀雀蛇鬥智圖》：前文題為《武當山祖師觀雀蛇鬥智圖》，當指同一篇文章。

宋氏太極拳源流支派論

宋遠橋記

所謂後代學者不失其本也，自余而上溯，始得太極之功者，授自唐代於歡子許宣平，至余十四代，有斷亦有繼者。許先師係江南安徽州府歙縣人，隱城陽山，即本府城南紫陽山，結茅南陽辟穀。身長七尺六寸，髯長至臍，髮長至足。行及奔馬，每負薪入市販賣。獨吟曰：「負薪朝出賣，沽酒日夕歸。借問家何處，穿雲入翠微。」李白訪之不遇，題詩仙橋而回。所傳太極功之拳名卅七，因三十七式而名之。又名長拳者，所云滔滔無間也。總名太極拳三十七式，名目書之於後。

四正四隅　雲手　彎弓射雁　揮琵琶　進搬攔

簸箕式　鳳凰展翅　雀起尾　單鞭　上提手

倒攆猴頭　摟膝拗步　肘下捶　轉身蹬腳　上步栽捶

斜飛式　雙鞭　翻身搬攔　玉女穿梭　七星八步

高探馬　單擺蓮　上跨虎　九宮步　攬雀尾

山通背　海底珍珠　彈指擺蓮　轉身指點捶　雙擺蓮

金雞獨立　泰山生氣　野馬分鬃　如封似閉　左右分腳

掛樹踢腳　推輾　二起腳　抱虎歸山　十字擺蓮

此通共四十三手，「四正四隅、九宮步、七星八步、單鞭、雙鞭、雙擺蓮」在外。因自己多坐用功夫，其餘三十七數，是先師所傳也。此勢應一勢練成，再練一勢，萬不可心急齊用三十七勢。亦無論何勢先，何勢後，只要一上，將勢用成，自然三十七勢，皆化為相繼不斷也，故謂之長拳。腳踩五行，懷藏八卦。腳之所在，為中央之土。八門五步，以中央為準。俞氏太極功，名曰「先天拳」，亦曰「長拳」，得唐李道子所傳。李道子係江南安慶人，至明時嘗居武當山南岩觀。不食煙火，第啖麥麩，故人稱之曰「麩子李」，又稱

「夫子李」。見人不語他，惟曰「大造化」三字。然既云夫子李係唐時人，何以知明時之夫子李即是唐代之夫子李？緣予遊江南涇縣，訪俞家，方知俞家先天拳，亦如予之三十七式，太極之別名也。

俞家太極功，係唐時李道子所傳。俞氏代代相承，每歲必拜李道子之廬。至宋時尚在也，越代不知李道子所在。嗣後予偕俞蓮舟遊湖府襄陽廣均州武當山，見一道人蓬頭垢面，呼俞蓮舟曰：「徒再孫焉往？」俞蓮舟怒曰：「汝係何人，無禮如此，我觀汝一掌必死。」道人曰：「徒再孫，且看汝出手。」蓮舟怒極，進步連掤帶捶，但未近身，道人飛起十餘丈，平空落下，屹立無損。蓮舟謂道人曰：「汝總用過功夫，不然能敵我者鮮矣。」道人曰：「汝與俞清慧、俞一誠相識否？」蓮舟悚然曰：「此皆予上祖之名也。」急跪曰：「原來是我之祖師。」李道子曰：「我在此數十寒暑，未曾開口。汝今遇我誠大造化哉，汝來吾再以功夫授汝。」自此蓮舟不但無敵，並得全體大用矣。蓮舟與余常與張松溪、張翠山、殷利亨、莫谷聲相往還，後余七人再往武當山拜李祖師未遇。於太和山玉虛宮見玉虛子張三豐。三豐蓋張松溪、張翠山師也，洪武初即在此山修煉，余七人在山拜求請益者月餘而歸。松溪、翠山拳名十三式，亦太極功之別名也。李道子所傳蓮舟口訣曰：

無形無象，全體透空。應物自然，西山懸磬。
虎吼猿鳴，水清河靜。翻江播海，盡性立命。

按：民國時期，類如宋氏源流論者不乏其說，這些說法多被學術界否定。太極拳史論家徐震先生在《太極拳考信錄》中言：「自頃以來，太極拳大行於南北，述其史實者，頗多異說，尤以源於張三峰之說為盛。復又謂出於六朝之韓拱月，唐之許宣平、李道子，及明之殷利亨者。出於韓、許、李、殷之說，羌無故實，其為偽託，不待深辨。其源於張三峰之說，唐豪亦已辨明其非矣（唐氏說見《少林武當考》《王宗岳太極拳經》中）。」然宋氏之論，對於研究太極拳諸派源流紛爭有「聊供參考」之處。

王宗岳太極拳論

太極者，無極而生，陰陽之母也。動之則分，靜之則合。無過不及，隨曲就伸。人剛我柔謂之走，我順人背謂之黏。動急則急應，動緩則緩隨。雖變化萬端，而理為一貫。由著熟而漸悟懂勁，由懂勁而接及神明。然非用力之久，不能豁然貫通焉。虛靈頂勁，氣沉丹田。不偏不倚，忽隱忽現。左重則左虛，右重則右杳。仰之則彌高，俯之則彌深；進之則愈長，退之則愈促。一羽不能加，蠅蟲不能落。人不知我，我獨知人。英雄所向無敵，蓋由此而致也。

斯技旁門甚多，雖勢有區別，概不外乎壯欺弱、慢讓快耳。有力打無力，手慢讓手快，是皆先天自然之能，非關學力而有也。察四兩能撥千斤，顯非力勝；觀耄耋能禦眾人，快何能為？立如平準，活如車輪，偏沉則隨，雙重則

滯。每見數年純功，不能運化者，雙重之病未悟耳。欲避此病，須知陰陽。黏即是走，走即是黏。陽不離陰，陰不離陽。陰陽相濟，方為懂勁。懂勁後，愈練愈精。默識揣摩，漸至從心所欲。本是捨己從人，多誤捨近求遠。所謂「差之毫釐，謬之千里」，學者不可不詳辨焉。是為論。

按：《王宗岳太極拳論》，原標題名《山右王宗岳太極拳論》，最早見於「老三本」。何為「老三本」？光緒辛巳年（一八八一年），河北廣府人李亦畬（一八三二—一八九二年）手書完成三本太極拳譜。一本自存，習稱「自藏本」；一本交胞弟啓軒（一八三五—一八九九年），習稱「啓軒本」；一本交門人郝和（字為眞，一八四九—一九二〇年），習稱「郝和本」。合而言之，史稱「老三本」。這是迄今為止武術史上發現的最早太極拳譜，被各派太極拳傳人奉為經典論著。目前，「啓軒本」佚失，其他兩本尚存。而「自藏本」於二〇一四年九月，被中央電視臺《尋寶》欄目「走進廣府太極城」評為「民間國寶」。三本拳譜，內容大致相同。現僅將董先生《王宗岳太極拳論》與「自藏本」「郝和本」不同之處，列表於下，供讀者參考。

自藏本	郝和本	董英傑本
無過不及，隨屈就伸	同「自藏本」	無過不及，隨曲就伸
我順人背謂之粘	同「自藏本」	我順之背謂之黏
雖變化萬端，而理唯一貫	同「自藏本」	雖變化萬端，而理為一貫
由懂勁而階及神明	同「自藏本」	由懂勁而接及神明
然非用功之久	然非用力之久	同「郝和本」
虛領頂勁	同「自藏本」	虛靈頂勁
蓋皆由此而及也	同「自藏本」	蓋由此而致也
察四兩撥千斤之句	同「自藏本」	察四兩能撥千斤
觀耄耋禦眾之形	同「自藏本」	觀耄耋能禦眾人
立如秤準，活似車輪	立如枰準，活似車輪	立如平準，活如車輪
粘即是走，走即是粘	同「自藏本」	黏即是走，走即是黏
差之毫厘，謬以千里	同「自藏本」	差之毫釐，謬之千里

王宗岳太極拳論詳解

太極者，無極而生，陰陽之母也。

【解】不動為無極，已動為太極。無極生太極，太極分陰陽，由陰陽演為變化萬象也。

按：宋代理學創始人周子周敦頤（一〇一七——一〇七三年，字茂叔）在《太極圖說》中寫道：「無極而太極，太極動而生陽，動極而靜，靜而生陰，靜極復動。一動一靜，互為其根。分陰分陽，兩儀立焉……陰陽——太極也……立地之道，曰柔曰剛……」《王宗岳太極拳論》正是借用周子之說而論述拳理，故得名「太極拳」。該論無浮言虛詞，起筆切題，簡潔明瞭。

動之則分，靜之則合。

【解】凡練太極，心意一動則分發四肢。太極生兩儀、四象、八卦、九宮。即掤、攦、擠、按、採、挒、肘、靠、中定也。靜則反本還元，復歸無極，心神合一。滿身空空洞洞，稍有接觸即能知覺。

無過不及，隨曲就伸。

【解】不論練拳對敵，毋過毋不及，過與不及皆失重心點。如敵來攻我順化為曲，曲者灣①也。如敵來攻不逞欲退，我隨彼退時就伸，伸者出手發勁也。過有頂之弊，不及有丟之弊。不能隨曲謂之抗，不能就伸謂之離。謹記：丟、頂、抗、離四病而去之。功到不即不離，方能隨手湊巧，運用自如。

【注釋】

①灣：同「彎」，後同。

按：太極拳講究「無過不及」，如何做到這一點呢？所謂粘（沾）連黏隨、不丟不頂是也。如糨糊粘物，糨糊使兩物相連謂之「粘」，糨糊使兩物附著在一起不脫離稱為「黏」。人力而至，我力如糨糊一般與之相粘相連、相黏相隨，所謂「粘連黏隨」是也。粘連，即我力與彼力相合而不丟；黏隨，我力與彼力不頂抗而「隨曲就伸」。故曰「不丟不頂」。

人剛我柔謂之走，我順人背謂之黏。

【解】與人對敵，如對方出力剛直，則我用柔軟之手搭上。如皮鞭鞭物，緊緊纏搭在彼勁上，能放能長，對方縱欲捽開甚難。譬如彼出大力，我隨粘其手腕往後坐身。但手仍緊搭不離，往懷收轉半個圈謂之走。走為化，以化其力。向其左方伸手使敵身側不得力，則我為順，人為背，黏之使不能走脫也。

按：此解中，董先生用「如皮鞭鞭物」來比喻「柔」的技術，可謂妙極！接著，用「搭在彼勁上」「粘其手腕」「往後坐身」「緊搭不離」「往懷收轉」等一連串動作來細緻描述「走」「黏」的方法與過程，可謂惟妙惟肖。

動急則急應，動緩則緩隨。

【解】今者習拳同志多知柔化，不知急應之法，不易與外功對敵。如敵來勢緩則柔化跟隨，此理甚明顯。如敵來勢急則柔化焉能應付哉？須用太極截勁之法，不後不先之理以應之。何謂截勁？如行兵埋伏突出截擊也。何謂不後不先？於敵手已發未到之際，我手於敵膊未直時截入，一發則去。此為「迎頭痛擊法」。然欲能動急則急應者，非得真傳不可。

按：急則急應，是太極拳最難上身的功夫，對手將發未發之際，極難捕獲，這是獲得太極拳「迎頭痛擊法」的難點。既便有眞傳，還須眞練，恒心、悟性，缺一不可。

雖變化萬端，而理為一貫。

【解】與人對敵，推手或散手，無論何著法，有大圈、小圈、半個圈之巧，有陰陽之奧妙，有步法之虛實，有太極陰陽魚不丟頂之理，循環不息。變化雖有千萬，太極之理則一也。

由著熟而漸悟懂勁，由懂勁而接及神明。

【解】著者，拳式也。先學姿勢正確，次要熟練，方能懂勁。今之練拳者專談懂勁，忽視練拳功夫，捨本逐末，安能懂勁，更何能有發人之勁？古語云：方寸之木，可使高於岑樓。故欲接及神明，必先求懂勁。欲求懂勁，必先求著熟。功夫由下而上，由低而高，不能僭越也。

按：著熟、懂勁、神明，太極拳修煉之三階段或三境界。著熟，熟悉每一勢法之攻防含義，熟練運用，了然於心。熟能生巧，漸至懂勁。懂勁，懂得控制對手勁力，防患於未然。於彼力將發未發之際，便為我所控制、利用，即「以勁制人」也。

神明境界，則渾身上下皆如有手，說有即有，說無即無，從心所欲，隨手發放。然，罕有人達此地步。孫祿堂曾云：「拳術之道，練要合道。……太極拳中

之楊祿禪和武禹襄……有不見不聞之知覺。」

然非用力之久，不能豁然貫通焉。

【解】拳愈練愈精，功夫既到，則如水到渠成，一旦豁然貫通。然非久練久熟，只尚空談，不能達此境也。

虛靈頂勁，氣沉丹田。

【解】頂者頭頂也，此處道家稱為「泥丸宮」，素呼「天門」。頂勁非用力往上頂，乃空虛而頭容正直，精神上提，但不可氣貫於頂。練久眼目光明，無頭痛之病。

丹田在臍下寸餘，即小腹處，一身元氣總聚於此。氣歸丹田，以意行之，通流四肢。氣不能沉於丹田，則滯塞於一處，不能分運於四肢也。

按：虛靈頂勁，「老三本」中寫作「虛領頂勁」，用詞更加貼切。如此，則更易把握。頭頂百會穴如有線上提，則頭容正直，似衣架掛衣，則四體自然垂順。氣沉丹田，非如氣功之練習法，有意導氣至腹部似鼓，而應如郝月如先生（一八七七—一九三五年，郝為眞之次子）所言：「能做到尾閭正中、涵胸、護肫、鬆肩、吊襠，就能以意送氣，達於腹部，不使上浮，謂之氣沉丹田。」

不偏不倚，忽隱忽現。

【解】 不偏者守中土也。不論偏向何方，即易失重心。偏前則易拉倒，偏後則易推倒。偏左偏右，其弊相同。不倚者亦守中土也，例如用手按人。對方突然縮後或閃避，己身即蹌踉前仆，失去重心，予人以可乘之機，此倚之弊也。《行功論》云：「立身須中正安舒，支撐八面。」即不偏不倚之意。

隱者藏也，現者露也。設敵向我身擊來，我身收束為隱，使敵不能施其力。如敵手往後回抽時，我隨之跟進為現。敵不知我式之高低上下，無法擋禦我手。例如河中小艇，人步踐其上，必略低沉為隱，又裏步必隨起為現。又猶龍之變化，能升能降。降則隱而藏形，現則飛升太虛興雲布霧。此理言太極能

高能低，忽隱忽現，有神機莫測之妙。

按：人登小船，踐其上略沉為「隱」，隨起而「現」。董先生善用比喻如斯，將凝煉的拳理生動形象地呈現於讀者面前，妙極！

左重則左虛，右重則右杳。

【解】重者不動也。試思與人對敵而不動可乎？用拳必須身體活動，手腳敏捷，方能應敵。敵如擊我左方，我身略偏虛使彼不能逞。如擊我右方，我右肩往後收縮，使其拳來無所著。我體靈活，不可捉摸，即左重左虛，右重右杳也。

仰之則彌高，俯之則彌深。

【解】仰為上，俯為下。敵欲高攻，我即因而高之，使不可及；敵欲壓我下，我即因而降之，使敵失其重心。此守法也。設自己主動進攻，仰之彌高則眼上看，心想將敵人擲上屋頂；俯之彌深，則心想將敵人打入地內。

昔班侯老師夏日在村外場（場，即北方收糧場地）內乘涼，突來一人。拱手問班侯老師居處，答曰：「吾即楊某也。」其人突出大食中三指襲擊，老師見場內有草房高七八尺，招手曰：「朋友請上去。」遂將其人擊上屋頂，又曰：「請速下回家覓醫。」其人狼狽遁去。鄉人問：「何能擊之使上？」曰：「仰之彌高也。」

有洛萬子曾從班侯老師習技數年，欲試師技。班侯老師曰：「將汝擲出元寶形好否？」萬笑曰：「且試之。」及較手，果如所言。萬手腳朝天，右胯著地如元寶形，將胯摔脫矣，醫療數月方愈（癒）。萬功夫甚好，至今尚健在，常曰：「俯之彌深，厲害極矣！」

按：文中所述「洛萬子」被打成元寶形，此人在班侯弟子中不見記載，疑為李萬成（一八六四—一九四七年）。李為班侯貼身僕從、弟子，後在廣府南關楊家門前開茶館，名「楊家茶館」。廣府口傳故事中，李萬成有過被其師打成元寶形的類似說法。董先生言「洛萬子」，可能是因口傳方言之故而誤記。

進之則愈長，退之則愈促。

【解】向敵進攻或追擊時，我進身跟步，步步逼之，使不能逃脫，故我手能愈進而愈長也；如不跟步，則手短不能及矣。退讓敵人時，或虛身以化之，或退步以避之。隨機應變，以其力不能及為度，故我能退而愈促也。總言之，即粘連黏隨之妙，去丟頂離抗之病也。

一羽不能加，蠅蟲不能落。

【解】練功既久，感覺靈敏。稍有接觸，即能感覺而應之。一羽毛之輕，我亦不馱。蠅蟲之小，亦不能落我身。蠅蟲附我身，如著落琉璃瓶，光滑不能立足。蓋我以微妙之化力將蠅蟲足分蹉也，能如此則太極之功成矣。

昔班侯老師於夏日行功時，常臥樹蔭下休息。偶或風吹葉落其身上，隨落隨脫滑落地，不能停留。又常試己功，解襟仰臥榻上，撚金米（即小米）少許置臍上。但呼一聲，小米猶彈弓射彈丸，飛射屋頂瓦面。班侯老師之功誠不可及，同志宜勉之。

人不知我，我獨知人。英雄所向無敵，蓋由此而致也。

【解】與人對敵，不用固定方式。如諸葛用兵，或攻或守，敵莫能預測。諺云「不知我葫蘆賣什麼藥」，此「人不知我」也。自己能懂勁，則感覺靈敏。敵手稍動，我即知覺，隨手湊巧應之。如非近身搭手，亦可離遠審察敵之意圖，此「我獨知人」也。兵法云：知己知彼，百戰百勝。英雄所向無敵，蓋由此而致也。

斯技旁門甚多，雖勢有區別，概不外乎壯欺弱、慢讓快耳。有力打無力，手慢讓手快，是皆先天自然之能，非關學力而有也。

【解】拳術種類甚多，各門姿式不同，注重力大手快以取勝則一。然此只應用天賦之本能，與所學之技藝無關也。太極之理，則精微巧妙，非徒恃力大

手快取勝，異於凡技也。

察四兩能撥千斤，顯非力勝；

【解】太極功深，有引進落空之妙，千斤無所施用，所謂「四兩撥千斤也」。昔京西有富翁，莊宅如城，人稱小府張宅。其人好武，家有鏢師三十餘人。慕廣平府楊祿禪之名，托友武祿青①往聘。及至，張見楊太師身軀瘦小，衣服樸素，貌不驚人，心輕之。因執禮不恭，設讌②亦不豐。楊太師知其意，遂自酌自飲，略不旁顧。

張不悅曰：「常聞武兄言先生盛名，但不知太極果能打人乎？」楊太師曰：「有三種人不可打。」張問：「為何三種？」答曰：「銅鑄者、鐵打者、木作者，此外無足論。」張曰：「敝舍鏢師三十餘人，為首者劉教師，力能舉五百斤，與戲可乎？」答曰：「無妨。」及起試，劉發式猛如虎，拳風有聲。臨近，楊太師以右手引其落空，以左手輕拍之，劉跌出三丈外。張撫掌笑曰：

「真神技也！」遂使廚人從新③換滿漢盛讌，敬奉如師。劉雖力大如牛而不能勝，蓋無巧也，由此可知顯非力勝矣。

【注釋】

①武祿青：應寫作「武汝清」（一八〇三—一八八七年），武禹襄仲兄，官至刑部四川司員外郎。

②讌：音一ㄢˋ，同「宴」。

③從新：當為「重新」。

觀耄耋能禦眾人，快何能為？

【解】七八十歲為耄耋①，耄耋能禦眾人，指練拳者言。不練拳，雖在壯年，欲敵一二人難矣。戰定軍山之老黃忠言：「人老馬不老，馬老刀不老。」其言甚壯。練太極者，筋骨內壯，血氣充足，功夫至老不脫。人老而精神不老，故能禦眾人也。

昔建侯老師與八九人較，眾一擁而前圍攻之。但見老師數個轉身，眾人俱已跌出。有八九尺者，亦有遠至丈餘者。老師時年近八十，耄耋禦眾，非妄言也。「快」何能為之快字？指無著數之快。此忙亂耳，非真快也，焉能應用。快而不失法度為真快，斯可應用矣。

【注釋】

①七八十歲為耄耋：「耄」指八九十歲，「耋」指七八十歲。

按：董先生善用前人比手軼事輔解拳理，比如該處楊健侯耄耋禦衆，以及上文「楊祿禪三不打」「楊班侯打人元寶形」「臍射小米」等，直觀、生動而形象。

立如平準，活似車輪。

【解】立如平準，即立身中正，支撐四方八面，不偏不倚也。活似車輪，言氣循環不息，環行全身，不消遲滯，如車輪之轉動也。

偏沉則隨，雙重則滯。

【解】何謂偏沉？前說車輪之譬，猶用一腳偏踏車輪，自然隨之而下。何謂雙重？猶右腳踏上右方，左腳踏上左方，兩方力量均衡，則滯而不能轉動。其理甚明。

每見數年純功，不能運化者，雙重之病未悟耳。

【解】嘗有數人練太極拳，勤習不懈。用功五六年，與人較，則平日所學，全不能運用，不能制敵。有旁觀者曰：「汝用功五六年，可謂純功矣，何以不能勝？」請演十三式觀之，見其練法怒目切齒，奮力如牛，筋絡盡露。旁觀者笑曰：「此為雙重練法，尊駕未悟雙重之病耳。」另一人曰：「我不用力練五六年，為何連十歲頑童亦不能打倒？」又請演十三式觀之，見其練法毫不著力，如風擺楊柳，飄搖浮蕩。旁觀者笑曰：「此為雙浮練法，尊駕為雙浮誤矣。」雙重為病，雙浮亦為病也。

欲避此病，須知陰陽。

【解】欲避雙重雙浮之病，須明陰陽之理，陰陽即虛實也。

黏即是走，走即是黏。陽不離陰，陰不離陽。陰陽相濟，方為懂勁。

【解】總言之：黏連走化，懂敵人之勁也。前解甚多，不再贅述。

按：哲學中的「陰陽」，體現於太極拳藝中則稱為「虛實」。對此，郝少如闡釋最為精彩，他指出：

「太極拳藝的奧妙就在於：無論勢法怎樣變化，自己陰的方面始終不暴露給對方，使對方只能接觸我的陽方，而得不到我的陰方，這恰如日光向背的道理一樣，陰面始終不會被日光所照到。陰陽體現在內勁的涵義上，又稱為『虛實』。陰便是實，實即是陰；陽便是虛，虛即是陽。要使對方始終只能接觸我之虛，而得不到我之實。以虛實體現太極拳藝的奧妙，能使『人不知我，我獨知人』達到『人為我制，我不為人制』的妙境。太極拳運用陰陽的無窮變化作為制

人的方法，使拳藝奧妙無窮。不知陰陽，便不知太極。」

懂勁後，愈練愈精。默識揣摩，漸至從心所欲。

【解】能懂敵之來勁後，不斷練習，即久練久熟，愈練愈精。常默識老師所授用法，揣摩其身手動作。極熟後，則意到手到，心手合一，漸至從心所欲矣。

本是捨己從人，多誤捨近求遠。

【解】與敵對手，要隨人所動，不可自動。吾師澄甫先生常言：「由己則滯，從人則活。」能從人便得落空之妙，由己反不能由己，能從人便能由己。理雖奧妙而確切，惟功夫未到，則不易領略其意耳。

常人與敵對手，多不用近而用遠。須知以靜待動，機到即發為近。出手慌忙，上下尋機擊敵為遠。此多誤捨近而求遠也。

所謂「差之毫釐，謬之千里」，學者不可不詳辨焉。是為論。

【解】太極拳精微巧妙，分寸毫釐，不可差也。如差毫釐，等隔千里，不能應用矣。學者於此，不可不注意焉。

按：該論以「太極」入筆而論拳理，以「陰陽相濟」而收尾。借鑑儒家經典語錄如「無過不及」「不偏不倚」「從心所欲」「人剛我柔」「陰陽相濟」等辭彙，始終圍繞儒家學說展開，可謂「理唯一貫」。該論將中庸思想與拳術拳理融為一體，被視為太極拳開山之作。

王宗岳行功論

以心行氣，務令沉著，乃能收斂入骨；以氣運身，務令順遂，乃能便利從心。精神能提得起，則無遲重之虞，所謂頂頭懸也；意氣須換得靈，乃有圓活之趣，所謂變化虛實也。

發勁須沉著鬆淨，專注一方；立身須中正安舒，支撐八面。行氣如九曲珠，無微不到；運勁如百煉鋼，無堅不摧。形如搏兔之鶻，神如捕鼠之貓。靜如山岳，動若江河。蓄勁如張弓，發勁如放箭。曲中求直，蓄而後發。力由脊發，步隨身換。收即是放，斷而復連。往復須有摺疊，進退須有轉換。極柔軟然後極堅剛，能呼吸然後能靈活。氣以直養而無害，勁以曲蓄而有餘。心為令，氣為旗，腰為纛。先求開展，後求緊湊，乃可臻於縝密矣。

又曰：彼不動，己不動；彼微動，己先動。勁似鬆非鬆，將展未展，勁斷意不斷。

又曰：先在心，後在身。腹鬆靜，氣斂入骨，神舒體靜。刻刻在心，切記：一動無有不動，一靜無有不靜。牽動往來，氣貼背，斂入脊骨。內固精神，外示安逸。邁步如貓行，運勁如抽絲。全身意在蓄神不在氣，在氣則滯。有氣者無力，無氣者純剛。氣如車輪，腰若車軸。

按：署名「王宗岳」的拳論，在「老三本」中只有一篇，即《山右王宗岳太極拳論》。該篇《王宗岳行功論》，實為武禹襄名篇《打手要言》中一些語句的再「編創」，有些句子與原文出入較大。董公之所以如此，非他之錯，因為他未曾見過「老三本」。概透過諸位授業老師得到非完整版的武禹襄拳論，而且不知何人所作，便「武冠王戴」為《王宗岳行功論》。現將《打手要言》中與此相對應之句子，重新湊成此文，其中區別，一目了然。

「以心行氣，務沉著」，乃能收斂入骨，所謂「命意源頭在腰隙」也。以氣運身，務順遂，乃能便利從心，所謂「屈伸開合聽自由」也。精神提得起，則無遲重之虞，所謂「腹內鬆靜氣騰然」也。意氣須換得靈，乃有圓活之趣，所謂「變轉虛實須留意」也。發勁須沉著鬆靜，專注一方，所謂「靜中觸動動猶靜」也。立身中正安舒，支撐八面，行氣如九曲珠無微不到，所謂「氣遍身軀不稍癡」也。（行氣如九曲珠，無微不到）運勁如百煉鋼，何堅不摧。形如搏（注者按：原文繁體字寫作「摶」，極易與「搏」相混淆）兔之鶻，神如捕鼠之貓。靜如山岳，動若江河。蓄勁如張弓，發勁如放箭。曲中求直，蓄而後發。機由己發，力以人借。收即是放，連而不斷。往復須有折疊，進退須有轉換，所謂「因敵變化是神奇」也。極柔軟，然後能極堅剛；能粘依，然後能靈活。氣以直養而無害，勁以曲蓄而有餘。心為令，氣為旗。（神為主帥，身為驅使，刻刻留意，方有所得）

「又曰：彼不動，己不動；彼微動，己先動。似鬆非鬆，將展未展，勁斷意不斷。」

「又曰：先在心，後在身。腹鬆，氣斂入骨，神舒體靜，刻刻存心。切記：一動無有不動，一靜無有不靜。動牽往來氣貼背，斂入脊骨（要靜）。內固精神，外示安逸。邁步如貓行，運勁如抽絲。全身意在蓄神，不在氣，在氣則滯。有氣者，無力；有氣者，純剛。氣如車輪，腰如車軸。」

王宗岳行功論詳解

以心行氣，務令沉著，乃能收斂入骨。

【解】平時用功，練十三勢時，用心使氣。緩緩流行於骨肉內外之間，意為嚮導氣隨行。練拳姿勢要沉舒，心意要貴靜。心不靜不能沉著，不能沉著則氣不收入骨，即是外勁非內勁矣。練太極拳須能收斂入骨，此真正太極勁也。

以氣運身，務令順遂，乃能便利從心。

【解】欲使氣渾身流通，必須將十三勢校正無錯。姿勢上下順遂，勁不逆扭，方能使氣流通。如姿勢順遂，手腳運用從心所欲矣。

精神能提得起，則無遲重之虞，所謂頂頭懸也。

【解】精神為一身之主。不但練拳，無論作何事，有精神則迅速，無之則遲慢，故談拳必以提起精神為先。欲要提起精神，須頭容正直頂勁，泥丸宮虛靈勁上升。此法悟通，即提起精神之法也。

意氣須換得靈，乃有圓活之趣，所謂變化虛實也。

【解】意氣即骨肉內流動物也。至於練拳打手，欲得莫可名狀之佳趣，須使此種流動物流行全身。意左即左，意右則右，斯為太極有虛實之變化。

意氣之換法，猶如半瓶水。左側則左蕩，右側則右蕩。能如是，不但得圓

活之趣，更有手舞足蹈之樂。至此境地，縱有人阻我練拳，恐欲罷不能也。

發勁須沉著鬆淨，專注一方。

【解】與人敵，先將對方治住。窺其易失重心之方向，發勁打之。發勁無論出何手，肩肘要沉下，心中要鬆淨。我勁不散，專注一方，敵不難跌出丈外矣。

立身須中正安舒，支撐八面。

【解】頭容正直尾閭中正，身即不偏。內心要舒展，以靜待動。腰腿如立軸，手膊如臥輪，圓轉如意，方能支撐八面。

行氣如九曲珠①，無微不到。

【解】九曲珠者，即一個珠內有九曲灣也。人身譬如珠，四體百骸無不灣也。能行氣達四肢，無處不到者，功成矣。

【注釋】

①九曲珠：何為「九曲珠」？北宋·睦庵善所編《祖庭事苑》中有一則典故，其梗概為：孔子受困陳國，人令孔子線穿九曲珠。九曲珠珠孔細小，且內部曲折如迷宮，聖人也無計可施。後經採桑女指點，線上塗蜜，以螞蟻引細線而穿過九曲珠。蘇軾曾作詩曰：「蟻穿九曲珠，蜂釀蜜千房。」武禹襄以「行氣如九曲珠，無微不到」來比喻習太極拳要以心行氣，以氣運身，從而求達「氣遍身軀不稍癡」。

運勁如百煉鋼，無堅不摧。

【解】「運勁如百煉鋼」，即內勁，非一朝一夕之功也。須經若干歲月練習，慢慢磨練而成。猶如荒鐵一塊，慢慢煉成純鋼，用作刀劍則其鋒利無比矣。由太極拳練成精細如鋼之功，鐵人亦能打壞，何況對敵者為血肉之軀乎？

故曰「無堅不摧」也。

形如搏兔之鶻①，神如捕鼠之貓。

【解】鶻者，鷹類也，冬獵用之。此言與人對敵，我形式如鷹鶻。見物擒來，眼要注視敵人。一搭手就可將敵擒到，如鶻搏兔之狀。貓形肖虎，其捕鼠也，伏身坐後腿以待，全神貫注鼠洞，鼠出則突縱捕之。太極有涵胸拔背之勢，如貓捕鼠之神態，蓄機而發也。

【注釋】

①形如搏兔之鶻：在「老三本」中寫作「形如摶兔之鶻」。摶，易誤為「搏」，雖一字之別，但意境相差甚遠。摶，盤旋。鶻在天空飛翔尋找獵物，發現一隻兔子，即盤旋俯衝，一擊中的。以此比喻太極拳高手與人打手如鶻之摶兔般輕鬆自如、遊刃有餘地隨手發放。假如鶻兔相搏，甚顯殘烈，那種舉重若輕，輕鬆控制對手之態蕩然無存。故，「摶」字用得甚妙。

靜如山岳，動若江河。

【解】用功日久，腿下有根，站立如山，人力不可動搖也。江河之喻，言各種變化無窮。一手變十手，十手變千百手。滔滔不絕，如長江大河也。

蓄勁如張弓，發勁如放箭。

【解】蓄者藏也，太極勁不在外而藏於內。與敵對手時，內勁如開弓將射之圓滿，猶皮球有氣充之。敵人伏我膊，雖覺綿軟而不能按下，使敵莫明其妙。敵方狐疑不定，不知我弓已引滿待發矣。我如弓，敵如箭，發勁神速，敵如箭跌出矣。

曲中求直，蓄而後發。力由脊發，步隨身換。收即是放，斷而復連。

【解】曲中求直，即隨曲就伸之意。蓄而後發，力由脊發，一理也。與神如捕鼠之貓之理同，數語道盡矣。

按：曲中求直，蓄而後發，受古代射箭技藝啓發。弓背似弧而曲，射出之箭直線（相對而言）而出，所謂：曲中求直，蓄而後發。我身備五弓（兩臂、兩腿和軀幹曲蓄如弓背，軀幹之曲乃以意代形，非彎腰駝背。主要要求胸不可挺，要遵循脊背生理自然彎曲之結構特徵），如張弓放箭一般，以「曲」而蓄勁為守勢，化解對方進攻勢頭，為我所用，旋即直擊對手失控之時，收到張弓放箭之效。正所謂：蓄勁如張弓，發勁似放箭。

往復須有摺疊，進退須有轉換。

【解】與人對敵，或來或往，摺疊即曲肘彎肱之式。此係近身使用法，離遠無用。進退勿泥一式，須有轉換，隨機而變化也。

極柔軟而後極堅剛，能呼吸然後能靈活。

【解】練十三勢要用柔法，功成後生出柔中含剛內勁。呼吸者，吸能提得

人起，使敵足跟離地。呼則從脊內發出全身之勁，放得人遠出。呼吸靈通，身法方能靈活無滯也。

氣以直養而無害，勁以曲蓄而有餘。

【解】練太極是養氣之法，非運氣之法也。何謂運氣？勉強出力使氣，氣必聚於一處，不能行於四肢。此法違反自然，易傷內臟。何謂養氣？孟子云：「我善養吾浩然之氣。」不急不燥（躁），先天氣生，靜心養性。練拳使精氣神合一，行氣如九曲珠。縱未獲益，亦無害也。

與人對敵，勿使膊伸直。須上下相隨，步隨身換。膊未直而力有餘，敵著擊即跌出，此即勁以曲蓄而有餘也。

心為令，氣為旗，腰為纛。

【解】太極之理，猶行軍戰事，必有令旗指揮驅使，練太極亦然。心為令者，以心行氣也。能使氣如旗，意之所至氣即隨之，是即心如令氣如旗。腰為纛者，即軍中大纛旗也。小旗主動，大旗主靜。拳法腰可作車軸之轉，不能倒掤大纛旗也。

先求開展，後求緊湊，乃可臻於縝密矣。

【解】開展，大也。初學練拳，先求姿勢開大，以鬆其筋肉，所謂舒筋活血也。能轉弱為強，強而後，研究外能筋骨肉合一，內有精氣神相聚，謂之「緊湊」。

內外兼修，加以動靜變化。自開展而及緊湊，由健體而及實用，乃臻縝密之境。如說拳有大練、小練則誤矣。

按：董先生文中寫道：「如說拳有大練、小練則誤矣。」即太極拳無大架、小架之分，當然也無中架或其他架。「開展」與「緊湊」只不過是一套拳架學練時的兩個過程、兩個階段而已。此語對今人應有警示作用。

彼不動，己不動；彼微動，己先動。

【解】言與敵搭手，自己不動。精神要注意警戒，待對手欲動之際，我手已動之在先矣。

按：如何做到後發而先至呢？武禹襄有云：「若物將掀起而加以挫之之力，斯其根自斷，乃壞之速而無疑。」

我不與對手來力發生直接頂抗，而是弧形設防，曲進直出，如槓桿撬物一般挫動對方勁根。故，能後發而先至。

勁似鬆非鬆，將展未展，勁斷意不斷。

【解】太極拳出手，似鬆實非鬆，伸出以將直未直為度。練拳宜不斷，如一線串成。及乎使用對敵，便無一定之方式。發勁之姿式，外形似斷而意未少懈也，猶如蓮藕折斷而細絲尚連焉。老振師傅①嘗言：「勁斷意不斷，藕斷絲連。」蓋此意也。

【注釋】

①老振師傅：即楊老振，楊振遠。

先在心，後在身。

【解】初學對敵用心之專，恐不能勝。練成之後，毋須有心之變化。身驅①受擊，自能隨機應敵。心中不知而敵已跌出矣，此即為不知手之舞之。初學在心，成功後在身。猶如初學珠算，心先念歌而後手操之。熟用後心雖不歌，而手亦能運用如意也。是先在心後在手，拳理亦然。

【注釋】

①驅：應為「軀」。

腹鬆靜，氣斂入骨，神舒體靜。

【解】腹雖注意猶鬆舒，勿鼓勁。氣斂入骨，則骨肉沉重。外如棉花，內似鋼條。猶棉花裹鐵，外柔而內剛。

刻刻在心，切記：一動無有不動，一靜無有不靜。

【解】刻刻，猶時時也。謹記：一動則全身有尺寸跟隨而動，忌全身零碎亂動。猶如火車，車頭動則諸車廂隨焉。太極動時勁要整，雖整而又活。身雖動，心貴靜。心靜則全身皆靜，靜中又寓動焉。

按：一動無有不動，一靜無有不靜。即動則俱動，靜則俱靜。同時又要視動猶靜，視靜猶動；動中有靜，靜中有動。動，非妄動、亂動，非手足不合、肩胯不一、肘膝不顧。要周身一家，勁合一處，力聚一方，動中有一「靜」字。

牽動往來，氣貼背，斂入脊骨。內固精神，外示安逸。

【解】牽動往來，即收放之義。氣收入貼藏於脊背，蓄而待發，精力內固。外表文雅安逸，雖練武而猶文也。

邁步如貓行，運勁如抽絲。

【解】太極拳行走，大多足跟先著地。如貓行之輕靈，含有蓄神之意。練拳運勁如抽絲，均勻不斷。運內勁時，自下由腿順轉而上，從胳膊順擰而出，如將一把生絲順扭，反放之。即倒轉由上將勁收回身內，此即為纏絲勁①。

【注釋】

①纏絲勁：董先生將「順扭」「反放」，「即倒轉由上將勁收回身內」，稱為「纏絲勁」。未知是他的發明，還是得自他的某授業老師。待考。

全身意在蓄神不在氣，在氣則滯。有氣者無力，無氣者純剛。

【解】人身有三寶，曰：「精、氣、神」。太極拳以意運動，然非故意運氣。如運氣澎漲，則滯而不靈。

有氣者無力，有濁氣者自覺有力，人覺我無力。無氣者純剛，無濁氣者即生綿力，意到則力至。設用力搭在敵人膊上，如用皮條將彼搭住。我雖未用力，對方則覺我手膊重如泰山。不用直力則巧力生，無濁氣者為純剛。

氣如車輪，腰若車軸。

【解】全身意氣如車輪流動，腰為一身之主宰。腰如車軸能圓轉，所以變化在腰間也。

按：董先生此處雖有將武公禹襄拳論易以「王宗岳」之誤，但他的闡釋將抽象的拳理形象化，很有價值。

行功口訣

一舉動周身俱要輕靈，尤須貫串。氣宜鼓蕩，神宜內斂。無使有缺陷處，無使有凹凸處，無使有斷續處。其根在腳，發於腿，主宰於腰，形於手指。由腳而腿、而腰、總須完整一氣，向前退後，乃能得機得勢。有不得機得勢處，身便散亂，其病必於腰腿求之，上下前後左右皆然。凡此皆是意，不在外面。有上則有下，有前則有後，有左則有右。如意要向上，即寓下意。若將物掀起，而加以挫之之力，斯其根自斷，乃壞之速而無疑。虛實宜分清楚，一處有一處虛實，處處總此一虛實。周身節節貫串，無令絲毫間斷耳。

【註】此乃祿禪師原文，云張三豐祖師所傳。

按：此《行功口訣》非張三豐所傳，實為武公禹襄著名拳論《打手要言》末節內容。祿禪公進京教拳之初，將班侯託付與鄉紳拳友武禹襄學文。豈料班侯訥

於文而敏於武，故武公因勢利導多課以拳技。時，李啓軒（一八三五—一八九九年）也從舅父學，與班侯年齡相若，且私交甚好，便將母舅拳論抄贈。因為是早期未完稿之作，故與「老三本」中定稿之論存在出入。此為「祿禪師原文」之出處。現將「老三本」中「郝和本」所錄武公《打手要言》與《行功口訣》相對應文論摘錄於下，供愛好者鑒賞。

「每一動，惟手先著力，隨即鬆開，猶須貫串，不外起承轉合。始而意動，既而勁動，轉接要一線串成。氣宜鼓蕩，神宜內斂。無使有缺陷處，無使有凹凸處，無使有斷續處。其根在腳，發於腿，主宰於腰，形於手指。由腳而腿而腰，總須完整一氣。向前退後，乃得機得勢。有不得機勢處，身便散亂，必至偏倚。其病必於腰腿求之，上下前後左右皆然。凡此皆是意，不是外面。有上即有下，有前即有後，有左即有右。如意要向上，即寓下意。若物將掀起而加以挫之之力，斯其根自斷，乃壞之速而無疑。虛實宜分清楚，一處自有一處虛實，處處總此一虛實。周身節節貫串，勿令絲毫間斷。」

行功口訣詳解

一舉動周身俱要輕靈，尤須貫串。

【解】練拳時一舉一動，凡應動之姿式，手足俱要輕靈（即不用勉強力），身子略有騰空意思。又應含有活潑意思，毫無迂滯而極順熟。一套拳由頭至尾，貫串而不中斷，即是一氣呵成之謂。

在練拳中，身軀任何部份於動作時，應表現輕巧而非浮滑，靈活而非虛渺。夫輕靈者，輕中而含有勁於其間，與浮而無倚之輕者不同。靈者，含有機警智慧，與虛渺無根者又不同。

然動作既得輕靈之妙，應注意其貫串。貫串者不斷之謂也，如長江大河，滔滔不絕，綿延之意。

氣宜鼓蕩，神宜內斂。

【解】氣宜鼓蕩：呼吸即氣之表現，鼓蕩似湖中之水，隨微氣而鼓蕩。一起一伏，輕微而有次序。神宜內斂：靜心凝神，用意思將精神收聚入內，斯為內斂。

所謂「氣」者，對於人體則不外呼吸。太極拳之所謂「氣」者即內功。除呼吸之外，尚有一種體內之養氣。該氣混和於血球間之氣，俗稱氣功。太極拳之練此種氣，非徒然或勉強可得。必先練意，從意之修養，而至於自覺自悟，窮神達化之氣功。

生理學所謂人體之血球，當其運行時，有一種無體之氣，此即養氣，常與血球相扣而行。設無此種養氣之存在，則血不能行，此氣乃人體有生具來之純然正氣。凡練拳者，能功致於意氣相生，延年益壽之效寓焉。口鼻之呼吸雖在動之時，倘能保持與安靜時無大差別，則體內之氣用之不竭矣。

神者，意之表現，心之徵象。心露於目，故一舉動均自心生。所謂心為

令，氣為旗也。在舉動之瞬息間，心之所欲，盡現於神。神露則必為敵所知，故致力於修養時，亦應保藏精神。

無使有缺陷處，無使有凹凸處，無有斷續處。

【解】練拳宜求圓滿，不可參差不齊。又不可忽高忽低，宜緩慢平均不停，不使中間有斷。

按：摘錄郝月如先生一段語錄，以加強對此句拳論的認識：「太極即是周身，周身即是太極。如同氣球，前進不凹，後退不凹，左轉不缺，右轉不陷，變化萬端，絕無斷續，一氣呵成。無外無內，形神皆忘，乃能進於精微矣。」

其根在腳，發於腿，主宰於腰，形於手指。由腳而腿、而腰、總須完整一氣，向前退後，乃能得機得勢。

【解】練法須上下相隨，勁自足跟起，行於腿，達於腰，由脊而膊行於手指，周身一氣。用時進前退後，上至手，下至步，無處不得力，其勁乃不可限量。

「根」者，立身之根基即馬步；「腰」者，人體上下相接連之部位也；「指」者，即兩手之指也。

有不得機得勢處，身便散亂，其病必於腰腿求之，上下前後左右皆然。凡此皆是意，不在外面。

【解】病不在外面，全在意內。意不專，則神不聚。步法不得當，即不能得機得勢。不得勢，手腳亂矣。不論練拳推手或敵對，如馬步不堅固，則不得勢。甚至於手足無措，身勢散亂。其致敗之病，在於腰腿。腰當纛，纛者，兵之司令旗也。腰之運用不靈活，猶兵之失其主宰，鮮有不亂者？腰之重要可知矣，所以求尾閭中正。馬步不大不小，站步適當，兼顧四面八方。①如有不得力處，非關外在形式，皆由心不專也。

【注釋】

①馬步不大不小，站步適當，兼顧四面八方：此語對當代太極拳練習者有所警示。走架過低，甚至下步將觸地面，雖似腿功了得，但失之於過，轉換不靈活，易受制於人；走架過高，如站著打拳，雖似靈活，但失之於不及，穩定性降低，也易受制於人。故要「站步適當」「不大不小」，既穩健又靈活，而可「兼顧四面八方」。

有上則有下，有前則有後，有左則有右。如意要向上，即寓下意。若將物掀起①，而加以挫之之力，斯其根自斷，乃壞之速而無疑。

【解】凡與人敵對，上部有受敵之虞，則下部亦有防敵之需。進攻之際，亦須作後退之備。或前方不能進迫，可從後方偷襲。左邊須防衛，右邊亦需警戒。

「有上則有下」，此即人攻我上，須防其下。我攻其上，預擊其下。或攻其上者，實欲動其下，而乘虛襲之。

「有前則有後」，攻既向前，須先防中敵之計，故預備後退，亦進可攻、退可守之意也。

「有左則有右」，左顧、右盼也。我向敵正面攻擊，如失中央突破之機，則當謀左右奇兵抄襲。

所謂左重則左虛，而由右擊之。當對敵時，敵方之根基，亦猶我之馬步。設其根基穩固，若徒以巨力推之，殊不容易。故欲向上部擊之，當先注意其下部。運用機智，使其下部動搖。或誘敵進步，乘時突然攻其上，則對方之根基既動，當可迎勁而倒。譬如欲拔起一樹，苟徒抱其幹，可將之掀起乎？必也先鋤其根，令其盤據於混土之根既鬆且斷。則略微力移其重心，勢必傾倒而無疑矣。此言與人搭手，先將彼動搖，立足不定，猛力一推即倒。

【注釋】

①文中「將物掀起」在「老三本」中寫作「物將掀起」，一字之易，藝理

有變。將物掀起，屬主動攻擊術，主動施力於對手，即以己之力將對手掀起；物將掀起，屬防守反擊術，所謂「彼不動，己不動；彼微動，己先動」。待對方之力已出而未盡發時，我即施以回擊。孰是孰非，孰巧孰拙，讀者自辨。

虛實宜分清楚，一處有一處虛實，處處總此一虛實。

【解】練拳與對敵，總不離一虛一實。虛能實，實又能虛。人不知我，妙在其中矣。

全部太極拳之精華奧妙，盡在「虛實」二字之運用。馬步有虛實，肩、肘、掌、指有虛實。身形轉換變化，亦含虛實。處處分清，自然運用自如。然虛實在練拳時，則易領悟。惟施之於推手或敵對，則非經名師指導，再下苦功，實難領略也。緣練拳之知虛實，乃自我之虛實。推手及敵對之虛實，則須有知彼功夫矣。

在練拳而論，凡動之聚者為實。至對敵之虛實，瞬息萬變，殊非筆墨可能揭櫫①。

【注釋】

①揭櫫：櫫，音ㄓㄨ，拴牲口的小木樁。意為揭示。

按：「虛實分清」是修煉太極拳之身法準則之一，後文《太極虛實之解釋》所述更為通俗、具體。

周身節節貫串，無令絲毫間斷耳。

【解】全身骨節順合連貫，氣須流通，意無間斷。

十三勢歌

十三勢來莫輕視，命意源頭在腰際；
變轉虛實須留意，氣遍身軀不少滯。
靜中觸動動猶靜，因敵變化示神奇；
勢勢存心揆用意，得來不覺費功夫。
刻刻留心在腰間，腹內鬆靜氣騰然；
尾閭中正神貫頂，滿身輕利頂頭懸。
仔細留心向推求，屈伸開合聽自由；
入門引路須口授，功夫無息法自休。
若言體用何為準，意氣君來骨肉臣；

想推用意終何在，益壽延年不老春。
歌兮歌兮百四十，字字真切義無遺；
若不向此推求去，枉費功夫貽歎息。

按：此歌訣在「老三本」中為武公禹襄代表之作，現摘錄「郝和本」該歌訣於下，供讀者品鑒：

十三勢行工歌訣

十三總勢莫輕識，命意源頭在腰隙；
變轉虛實須留意，氣遍身軀不稍癡。
靜中觸動動猶靜，因敵變化是神奇；
勢勢存心揆用意，得來不覺費工夫。
刻刻留心在腰間，腹內鬆靜氣騰然；
尾閭正中神貫頂，滿身輕利頂頭懸。

仔細留心向推求，屈伸開合聽自由；
入門引路須口授，工用無息法自休。
若言體用何為準，意氣君來骨肉臣；
詳推用意終何在，益壽延年不老春。
歌兮歌兮百四十，字字真切義無疑；
若不向此推求去，枉費工夫遺嘆惜。

關於此歌訣中提到的「尾閭正中」，郝月如先生指出「習太極拳者必先求尾閭正中。正中者，脊骨根對臉之中間也。邁左步，左胯微向左上抽，用右胯托起左胯；邁右步，右胯微向上抽，用左胯托起右胯。則尾閭自然正中。能正中，則能八面支撐；能八面支撐，則能旋轉自如，無不得力」。讀者可詳加揣摩。

《十三勢歌》歌詠太極拳之修煉法則與目的。以腰為軸、虛實轉換、動靜

相間、因敵變化、尾閭正中、神貫於頂、屈伸開合等均成為習練太極拳之基本要領，尤其強調「腰」之重要性。太極拳乃以內動牽引外動之術，即以腰隙潛轉帶動肢體而動，所謂以腰領勁、腰如車軸是也。又須「因敵變化」，因人而動，隨彼而變，從人不從己，所謂「由己則滯，從人則活」。然，修習太極拳終歸於強健身心，「益壽延年」。兵法云：「不戰而屈人之兵。」故，太極拳學宣導「技擊為末，健康為要」。

八字歌

掤握擠按世間稀，十個藝人十不知。
若能輕靈並堅硬，粘連黏隨俱無疑。
採裂肘靠更出奇，行之不用費心思。
果能粘連黏隨字，得其寰中不支離。

按：八字技法發揮必以「粘（沾）連黏隨」為基，無粘連黏隨之功，便無掤、攦（捋）、擠、按、採、裂（現寫為「挒」）、肘、靠之巧。故，修煉太極拳必先從粘連黏隨入手。

心會歌

腰脊為第一之主宰，喉頭為第二之主宰，地心①為第三之主宰；丹田為第一之賓輔，掌指為第二之賓輔，足掌為第三之賓輔。

【注釋】

①地心：應為「心地」。

按：此歌亦名《心會論》，傳統武術之理論，非獨太極拳之專有，強調「腰脊」在拳藝中之地位。另，以下諸論若非太極拳專論或論述不精者，則不加評述或少言之。

功用歌

輕靈活潑求懂勁，陰陽既濟無滯病。
若得四兩撥千斤，開合鼓蕩主宰定。

打手歌

掤攦擠按須認真，上下相隨人難進。
任他巨力來打我，牽動四兩撥千斤。
引進落空合即出，粘連黏隨不丟頂。
被打欲跌須雀躍，巧擠逃時要合身。
拔背含胸合太極，裹襠護臂跴①五行。
學者悟透其中意，一身妙法豁然能。

【解曰】

彼不動，我不動；彼微動，我先動。似鬆非鬆，將展未展，勁斷意不斷，轉動挪移走。

【注釋】

①跴：音ㄘㄞˇ，同「踩」。

按：《打手歌》在「老三本」中屬於武禹襄作品，只有三句，即「掤攦擠按須認眞，上下相隨人難進。任他巨力來打我，牽動四兩撥千斤。引進落空合即出，粘連黏隨不丟頂」。後人多以為是首不完整歌訣，不乏試圖補充「完整」者，董先生收錄的此篇就是一例。且看前三句，語言凝練、雋永，意蘊深刻。讀來抑揚頓挫，朗朗上口，一氣呵成，頗有氣勢。後三句文風明顯有變，語句淺白俚俗。讀來有些拗口，與前文也不合轍押韻，顯然是後人所添加。筆者以為，原歌訣雖只三句，但該言之已然盡言，大可不必再畫蛇添足。如果認為殘缺，它亦如斷臂之維納斯，乃殘缺之精品、經典！

太極拳修煉以「粘連黏隨」為基本功法，做到內外三合，上下相隨，周身一家。採用防守反擊術，大膽放縱對手來攻，然後運用掤、攦、擠、按、採、挒、肘、靠技法，引進落空，施以回擊，此所謂「牽動四兩撥千斤」也。

四性歸原歌

世人不知己之性，何能得知人之性？

物性亦如人之性，至如天地亦此性。

我賴天地以存身，天地賴我以致局。

若能先求知我性，天地授我偏獨靈。

周身大用論

一要性心與意靜，自然無處不輕靈；
二要遍體氣流行，一定繼續不能停；
三要喉頭永不拋，問盡天下眾英豪；
如詢大用緣何得，表裏精細無不到。

按：此論一般和《心會歌》緊密結合，指出拳法之練習次序：先求心靜，次曰喉頭，三為氣遍全身。氣功訓練也遵此法。此論次言氣，應有誤。

關要論

活潑於腰，靈機於頂，神通於背①，不使氣行於頂。行之於腿，蹬之於足，運之於掌，通之於指；斂之於髓，達之於神，凝之於耳，息之於鼻。呼吸往來於口，縱之於膝。渾噩一身，全體發之於毛。

【注釋】

①靈機於頂，神通於背：亦寫作「靈通於背，神貫於頂」等。

按：此論為習練太極拳對全身各部位之要求，須做到協調一致，一動無有不動，一靜無有不靜。

八門五步

掤南，履西，擠東，按北，採西北，挒東南，肘東北，靠西南——方位。坎，離，兌，震，巽，乾，坤，艮八門。方位八門，乃為陰陽顛倒之理，周而復始，隨其所行也。總之，四正四隅，不可不知也。夫掤、履、擠、按是四正之手，採、挒、肘、靠是四隅之手。合隅、正之手，得門位之卦。以身分步，五行在意，支撐八面。五行者①，進步火，退步水，左顧木，右盼金，定之方中土也。夫進退為水火之步，顧盼為金木之步，以中土為樞機之軸。懷藏八卦，腳跴②五行。手步八五，其數十三，出於自然十三勢也，名之曰「八門五步」。

【注釋】

①五行者：「楊譜」為「五行」。

②腳踊（踩）：「楊譜」為「腳跐」。跐，音ㄘˇ，踏，踩。

按：從《八門五步》始，至《太極平準腰頂解》，計二十四節論述，實為「楊家太極拳譜三十二目」（以下簡稱「楊譜」）之「二十四目」內容。「楊譜」不只一個版本，雖名「三十二目」，實際收入「四十目」，儘管如此，但仍以「三十二目」相稱。

現以楊振基（一九二—二〇〇七年，楊澄甫次子）藏本為準，將董先生收錄內容與之相比較，不同之處，謹列於每目之下。

此論僅借用八卦五行之軀殼，不必刻意渲染追求，應引以為戒。八門五步，指太極拳基本技法與步法，故名「十三勢」。

八門五步用功法

八卦五行，是人生成固有之良。必先明「知覺運動」四字之根由。知覺運動得之後，而后①方能懂勁。由懂勁後，自能接及②神明矣。然用功之初，要知知覺運動，雖固有之良，亦甚難得於我也。

【注釋】

①后：同「後」。

②接及：應為「階及」，更加貼切、準確。

按：此法重點在於懂勁。何為懂勁？人力來襲，我之本能反應無非兩種：或躲閃，或頂抗。太極拳則不然，要求既不能躲閃，又不能頂抗。迎而相接，接而不頂，所謂不丟不頂，粘連黏隨。此即「懂勁」是也。

固有分明法

蓋人生降之初，目能視，耳能聽，鼻能聞，口能食。顏色聲音香臭五味，皆天然知覺，固有之良也。其手舞足蹈，與四肢之能，皆天然運動固有①之良。思及此，是人孰無因。人性近習遠，失迷固有。要想還我固有，非乃武無以尋運動之根由，非乃文無以得知覺之本原。是乃運動而知覺也。

夫運而知，動而覺。不運不知②，不動不覺③。運極則為動，覺盛則為知。動知者易，運覺者難。先求自己知覺運動，得之於身，自能知人。要先求人④，恐失於自己。不可不知此理也，夫而後懂勁然也。

【注釋】

①固有：「楊譜」無此二字。

②不知：「楊譜」為「不覺」。

③不覺：「楊譜」為「不知」。

④求人：「楊譜」為「求知人」。

粘連黏隨

粘者提上拔高之謂也，黏者留戀繾綣①之謂也，連者捨己無離之謂也，隨者彼走此應之謂也。要知人之知覺運動，非明粘黏連隨不可。斯粘黏連隨之功夫，亦甚細矣。

【注釋】

①繾綣：音ㄑㄧㄢˇ ㄑㄩㄢˇ，形容難捨難分。

按：詳解「粘連黏隨」之含義，可與筆者上文解釋互為參考。然，明此理並非難事，難在「身知」，身能體現之，惟靠個人修為矣！

頂扁丟抗

頂者出頭之謂也，扁①者不及之謂也，丟者離開之謂也，抗者太過之謂也。

要知於此四字之病，乃不明②粘黏連隨，不明③知覺運動也。初學對手，不可不知也，更不可不去此病。所難者，粘黏連隨，而不許頂扁丟抗。是所不易也。

【注釋】

①扁：「楊譜」寫成「區」，明顯為錯字。

②乃不明：「楊譜」寫作「不但」。

③不明：「楊譜」寫作「斷不明」。

對待無病

頂、扁、丟、抗，失於對待也。所以謂之病者，既失粘黏連隨，何以得知覺運動？既不知己，焉能知人？所謂對待者，不以頂扁丟抗相對於人也，要以粘黏連隨等待於人也。能如是，不但對待無病①，知覺運動亦自然②得矣，可以進於懂勁之功矣。

【注釋】

①不但對待無病：「楊譜」寫作「不但無對待之病」。

②亦自然：「楊譜」寫作「自然」。

按：初習太極拳，易犯頂、扁、丟、抗之病，此屬正常。對自身勁力無從把控，不能靈活運用所致也。要從粘連黏隨一步步練起，逐步克服頂、扁、丟、抗之病，久而久之，熟能生巧，習慣成自然，便能「懂勁」。

對待用功法守中土（俗名站樁①）

定之方中足有根，先明四正進退身。

掤擺擠按自四手，須費功夫得其真。

身形腰頂皆可以，粘黏連隨意氣均。

運動知覺來相應，神是君位骨肉臣。

分明火候七十二，天然乃武並乃文。

【注釋】

①站樁：楊譜寫作「站橦」。橦，音ㄊㄨㄥˊ，古書上指木棉樹。

按：此論點重點在於「守中」，無論掤擺擠按、進退顧盼，還是粘連黏隨，勢法千變萬化，「守中土」之原則始終不能丢。還須「用中」，設法使對方失中，方能搶得先手，人為我制。

身形腰頂

身形腰頂豈可無？缺一何必費工夫。
腰頂窮研生不已，身形順我自伸舒。
捨此真理終何極？十年數載亦糊塗。

按：何為「腰頂」？即腰脊如何運動呢？摘錄郝少如先生一段論述，供讀者參考。「習者平日行工走架時，要以腰脊為中心，並以中心為界——自腰脊往上，要做到拔背的身法要求。由腰脊向下要用脊骨根托起丹田（小腹），達到吊襠的身法要求。……腰脊位置絕不能後移。腰脊後移，勢必會失去其中心地位，形成「偏沉」之狀，以致無法斂氣，又不能發揮其主宰作用。相反地，腰脊要有向前移動之意（本是腰脊的內在運動，而非腹部挺出），才能位居中心，行使其全身之主宰的權力……」

太極圈

退圈容易進圈難，不離腰頂後與前。
所難中土不離位，退易進難仔細研。
此為動工①非站定，倚身進退並比肩。
能如水磨②催急緩，雲龍風虎象周全③。
要用天盤從此覓，久而久之出天然。

【注釋】

①動工：「楊譜」為「動功」。

②水磨：舊時無電力，人們利用水能用石磨磨碎穀物，稱為水磨。它由上下石磨盤、輪軸、水輪盤、支架構成。上磨盤懸吊於支架之上，下磨盤安裝於輪

軸之上，轉軸另一端裝有水輪盤，從而帶動下盤磨轉動，以此來粉碎穀物。歌訣中以此為喻，說明太極圈如同水磨一般有自身設定之運行軌跡和範圍。

③周全：「楊譜」為「周旋」。

按：所謂太極圈，實為以腰為中心所設定之自身勢力範圍，尾閭正中，支撐八面，前進後退，攻防轉換自如，無絲毫散亂也。

太極進退不已功

掤擺擠按①自然理，陰陽水火既相濟。
先知四手得來真，採挒肘靠方可許。
四隅從此演出來，十三勢架永無已。
所以因之名長拳，任君開展與收斂，千萬不可離太極。

【注釋】

①掤擺擠按：「楊譜」為「掤進擺退」。

按：武禹襄指出：「長拳者，如長江大海，滔滔不絕也。」太極拳，即十三勢，行工走架，勢勢相連，環環相扣，進退不已，無斷續，無凹凸，無缺陷，「所以因之名長拳」。

太極上下名天地

四手上下分天地，採挒肘靠有由去①。
採天靠地相應求，何患上下不既濟？
若使挒肘習遠離，迷了乾坤遺嘆惜。
此說亦明天地盤，進用肘挒歸人字。

【注釋】

①有由去：「楊譜」為「由有去」，意為「有來有去」。

太極人盤八字歌

八卦正隅八字歌，十三之數不幾何。幾何若是無平準，丟了腰頂氣歎哦！不斷要言只兩字，君臣骨肉細研磨①。功夫內外均不斷，對待教兒②豈錯他。對待於人出自然，由此③往復於地天。但求捨己無深病，上下進退永連綿。

【注釋】

①研磨：「楊譜」為「琢磨」。琢，誤寫成「琢」。

②教兒：「楊譜」為「數兒」。

③由此：「楊譜」為「由茲」。

按：所謂天盤、地盤、人盤和神盤均為奇門遁甲之術語，於拳術無實質性關聯，故不論。

太極體用解

理為精氣神之體，精氣神為身之體。身為心之用，勁力為身之用。心、身有一定之主宰者，理也；精、氣、神有一定之主宰者，意誠也。誠者，天道；誠之者，人道。俱不外意念須臾之間。要知天人同體之理，自得日月流行之氣。其意氣①之流行，精神自隱，微乎理矣。

夫而後言乃武乃文、乃聖則得②。若特以武事論之於心、身，用之於勁力，仍歸於道之本也。故不獨以③末技云爾。

勁由於筋，方④由於骨。如以持物論之，有力能執數百斤，是骨節皮毛之外操也，故有硬力。如以全體之有勁，似不能持幾斤，是精氣之內壯也。雖然，若是功成後，猶有妙出於勁力⑤者，修身體育之道然也。

【注釋】

①意氣：「楊譜」為「氣意」。

②乃聖則得：「楊譜」為「乃聖乃神所得」。

③不獨以：「楊譜」為「不得獨以」。

④方：「楊譜」為「力」。此處「方」當為「力」之誤。

⑤勁力：「楊譜」為「硬力」。

按：此節重點強調太極拳不支持硬力，尚巧，用意不用力，以勁制人。

太極文武解

文者，體者①；武者，用也。文功在武，用於精氣神也，為之體育；武功得文，體於心身也，為之武事。夫文武猶有火候之謂，在放拳②得其時中，體育之本也。文武使於對待之際，在蓄發當其可者，武事之根也，故云武事。文為柔軟體操也，精氣神之筋勁。武事武用，剛硬武事也，心身之骨力也。文無武之預備③，為之有體無用；武無文之侶伴，為之有無用體④。如獨木難支，孤掌不響。不惟體育武事之功，事事皆如此理也。

文者內理也，武者外數也。有外數無內理⑤，必為血氣之勇，失於本來面目，欺敵必敗。爾有內理⑥，無外數，徒使⑦安靜之學，未知用的，對敵差微，如無耳目。故「文武」二字之義，豈可不解哉？⑧

【注釋】

①體者：「楊譜」為「體也」。

②放拳：「楊譜」為「放卷」。

③預備：「楊譜」為「豫備」。

④有無用體：「楊譜」為「有用無體」。

⑤內理：「楊譜」為「文理」。

⑥內理：同⑤。

⑦徒使：「楊譜」為「徒思」。

⑧未知用的……豈可不解哉：「楊譜」為「未知用的採戰，差微則亡耳！自用於人，『文武』二字之解，豈可不解哉？」

按：此解雖冠以「太極」之名，然，所有武術似均尊此理，故不論。

太極懂勁解

自己懂勁，接及神明，為之文成，而後對敵①。身中之候②，七十有二，無時不然。陽得其陰，水火既濟。乾坤交泰，性命葆真矣。

於人懂勁，隨視聽之際遇而變化，自得曲誠之妙。形與意合，不勞運動知覺也③。功至此，可為攸往咸宜，無須有心之運用矣④。

【注釋】

①而後對敵：「楊譜」為「而後採戰」。

②身中之候：「楊譜」為「身中之陰」。

③形與意合，不勞運動知覺也：「楊譜」為「形著明於不勞，運動覺知也」。

④矣：「楊譜」為「耳」。

按： 懂勁、神明，上文已論之，可參考。

八五十三勢長拳解

自己用功，一勢一式，用成之後，合之為長。滔滔不斷，周而復始，所以名長拳也。須有一定之架子①，恐日久入於滑拳也。又恐入於硬拳也，決不可失其綿軟。周身往復，精神意氣之本，用久自然貫通，無往不至，無堅不摧②也。

於人對待，四手當先，亦自八門五步而來。站③四手，四手碾磨。進退四手、中四手、上下四手、三才四手，由下乘長拳四手起，大開大展，煉至緊湊伸屈自由之功，則升至中上乘④矣。

【注釋】

①須有一定之架子：「楊譜」為「萬不得有一定之架子」。

②無堅不摧：「楊譜」為「何堅不摧」。

③站：「楊譜」為「跕」。跕，音ㄉㄧㄢˇ，同「踮」，提起腳跟，用腳尖著地之意。

④上乘：「楊譜」為「上成」。

按：太極拳既非「滑拳」，更非「硬拳」，要不失其「綿軟」，以柔克剛。「柔」何以能克「剛」？如同水，看似綿柔，亦可呈澎湃之勢，無堅不摧。故，「柔」並非軟弱、鬆懈，要具備水之氣勢、特性，個中之理尚須慢慢體認。

太極陰陽顛倒解

陽乾天，日火離，放、出、發、對、開、臣、肉、用、器、身、武。立命方，呼、上、進、隅。陰坤地，月水坎，卷、入、蓄、待、合、君、骨、體、理、心、文。盡性圓、吸、下、退、正。

蓋顛倒之理，「水、火」二字詳之則可明。如火炎上，水潤下者，能使①火在下而用水在上，則謂顛倒。然非有法治之，則不得矣。譬如水入鼎內，而置火之上。鼎中之水，得火以燃之，不但水不能下潤，藉火氣火水必有溫時。火雖炎上，得鼎以隔之，是為有極之地。不使炎上之火無止息②，亦不使潤下之水滲漏③，此所謂水火既濟之理也，顛倒之理也。若使任其火炎上，水潤下④，必至水火分為二，則為水火未濟也。故云分而為二，合之為一之理也。故云：

一而二，二而一。總斯理為三：天、地、人也。

明此陰陽顛倒之理，則可與言道。知道則不可⑤須臾離，則可與言人能。以人弘道⑥，知道不遠人，則可與言天地同體。上天下地，人在其中矣。苟能參天察地，與日月合其明，與五嶽四瀆⑦華朽，與四時之錯行，與草木並枯榮，明鬼神之吉凶，知人事之興衰⑧，則可言乾坤為一大天地，人為一小天地也。

夫知人之身心。致知格物於天地之知能，則可言人之良知良能。若使不失固有之功用⑨，浩然正氣。直養無害，攸久無疆矣！

所謂人身生成一小天地也⑩。天者⑪，性也；地者⑫，命也；人者，虛靈也，神也。若不明之者，烏能配天地人為三乎⑬？然非盡性立命，窮神達化之功，胡為乎來哉！

【注釋】

①能使：「楊譜」為「水能使」。

②不使炎上之火無止息：「楊譜」為「不使炎上，炎火無止息」。

③滲漏：「楊譜」為「永滲漏」。

④若使任其火炎上，水潤下：「楊譜」為「若使任其火炎上來潤下」。

⑤則不可：「楊譜」為「不可」。

⑥則可與言人能。以人弘道：「楊譜」為「則可與言人，能以人弘道」。

⑦四瀆：指長江、黃河、淮河、濟水，四條河流。

⑧知人事之興衰：「楊譜」為「知人事興衰」。

⑨若使不失固有之功用：「楊譜」為「若思不失固有其功用」。

⑩小天地也：「楊譜」為「小天地者」。

⑪天者：「楊譜」為「天也」。

⑫地者：「楊譜」為「地也」。

⑬天地人為三乎：「楊譜」為「天地為三乎」。

人身太極解

人之周身，心為一身之主宰。主宰，太極也。二目為日月，即兩儀也。頭象①天，足象②地，人中之人及中脘，合之為三才也。四肢，四象也。腎水、心火、肝木、肺金、脾土，皆屬陰；膀胱水、小腸火、膽木、大腸金③，皆陽矣。茲為內也。顱頂火④、地閣承漿水、左耳金、右耳木，兩命門也。茲為外也。神出於心，眼目⑤為心之苗；精出於腎，腦腎為精之本；氣出於肺，膽氣為肺之原。視思明，心動神流也；聽思聰，腦動腎滑也。鼻之息香臭，口之呼吸出入。水鹹，木酸，土辣，火苦，金甜。言語⑥聲音，木亳，火焦，金潤，土壒，水漂。鼻息口呼吸之味，皆氣之往來，肺之門戶。肝膽巽震之風雷，發之聲音，出入五味。此言口、目、鼻、神、意，使之六合，以破六慾也。此內

也。手、足、肩、膝、肘、胯，亦使之六合⑦，以正六道也。此外也。眼、耳、鼻、口、大小便、肚臍，外七竅也。喜、怒、憂、思、悲、恐、驚，內七情也。七情皆以心為主，喜心、怒肝、憂脾、悲肺、恐腎、驚膽、思小腸、怕膀胱、愁胃、慮大腸，此內也。夫離，南、正、午、火、心經；坎，北、正、子、水、腎經；震，東、正、卯、木、肝經；兌，西、正、酉、金、肺經；乾，西北、隅、金、大腸、化水；坤，西南、隅、水、脾、化木⑧；巽，東南、隅、木、膽⑨、化土；艮，東北、隅、胃、土、化火。此內八卦也。二四為肩⑩，六八為足，上九下一，左三右七也。坎一、坤二、震三、巽四、中五、乾六、兌七、艮八、離九，此九宮也。內九宮亦如此。表裏者，乙肝左肋化金通肺，甲膽化土通脾，丁心化木中膽通肝，丙小腸化水通腎，己脾化上通胃，戊胃化火通心，後背前胸山澤通氣，辛肺右肋化水通腎，庚大腸化金通肺，癸腎下部化火通心，壬膀胱化木通肝。此十天干之內外也，十二地支亦如此之內外也。明斯理，則可與言修身之道矣。

【注釋】

①象：「楊譜」為「像」。

②象：同①。

③大腸金：「楊譜」「大腸金」後還有「胃土」。

④顱頂火：「楊譜」為「顱丁火」。

⑤眼目：「楊譜」寫為「目眼」。

⑥言語：「楊譜」為「及言語」。

⑦亦使之六合：「楊譜」為「亦使六合」。

⑧坤，西南、隅、水、脾、化木：「楊譜」寫為「坤，西南、隅、土、脾、化土」。按中醫五行對應五臟的生剋制化理論，脾屬土而生金，故此處疑兩譜均有誤，當為「坤，西南、隅、土、脾、化金」。

⑨木、膽：「楊譜」寫為「膽、木」。

⑩二四為肩：「楊譜」「二四為肩」前有「外八卦者」。

太極分文武三成解

蓋言道者，非自修身，無由得也。然又分為三乘之修法。乘者，成也。上乘，即大成也；下乘，即小成也；中乘，即誠之者成也。法分三修，成功一也。文修於內，武修於外。體育內也，武事外也。

其修法內外表裏成功集大成，即上乘也；由體育之文而得武事之武，或由武事之武而得體育之文，即中乘也；然獨知體育不知武事①而成者，或專武事不為體育而成者，即小乘也。

【注釋】

①不知武事：「楊譜」為「不入武事」。

太極武功事解①

太極之武②，外操柔軟，內含堅剛。而求柔軟之於外③，久而久之，自得內之堅剛。非有心之堅剛，實有心之柔軟也。所難者，內要含蓄堅剛，而不施外，終柔軟而迎敵。以柔軟而應堅剛，使堅剛盡化烏有④矣！其功何以得乎？須⑤粘黏連隨已成，自得運用⑥知覺，方為懂勁，而後神而明之。即所謂極柔軟練出極堅剛，如發勁無堅不摧矣⑦。

【注釋】

①太極武功事解：「楊譜」為「太極下乘武事解」。

②太極之武：「楊譜」為「太極之武事」。

③而求柔軟之於外：「楊譜」為「而求柔軟，柔軟之於外」。

④烏有：「楊譜」為「無有」。

⑤須：「楊譜」為「要非」。

⑥運用：「楊譜」為「運動」。

⑦即所謂極柔軟練出極堅剛，如發勁無堅不摧矣：「楊譜」為「夫四兩撥千斤之妙，功不及化境，將何以能?是所謂懂粘運（應為「連」），得其視聽輕靈之巧耳。」

按：太極拳名曰「太極」，須陰陽相濟。「柔」亦如此，柔中須寓剛。「外操柔軟，內含堅剛。」以柔迎敵，使敵之堅剛融化於如水之「柔」中，此即「以柔剋剛」。

太極正功解

太極者，元也。無論內外、左右、上下①，不離此元也。太極者，方也。無論內外、左右、上下②，不離此方也。

元之出入，方之進退，隨方就元之往來也；方為開展，元為緊湊，方元規矩之至，其孰能③出此以外哉？如此得心應手，仰高鑽堅，神乎其神，見隱顯微，明而且明，生生不已，欲罷不能。

【注釋】

①左右、上下：「楊譜」寫作「上下、左右」。

②左右、上下：同①。

③孰能：「楊譜」誤寫為「就能」。

太極輕重浮沉解

雙重為病，干於填實，與沉不同也；雙沉不為病，自爾騰虛，與重不一①也。雙浮為病，只如漂渺，與輕不例也；雙輕不為病，天然清靈，與浮不等也。半輕半重不為病，偏輕偏重為病。半者，半有著落也，所以不為病。偏者，無著落也②，所以為病。偏無著落，必失方圓。半有著落，豈出方圓？半浮半沉為病，失於不及也；偏浮偏沉，失於太過也。半重偏重，滯而不正也；半輕偏輕，靈而不圓也。半沉偏沉，虛而不正也；半浮偏浮，茫而不圓也。夫雙輕不近於浮，則為輕靈；雙沉不近於重，則為離虛。故曰：上手輕重，半有著落，則為平手。除此三者之外，皆為病手。

蓋內之虛靈不昧，能致於外之清明③，流行乎肢體也。若不窮研輕重浮沉之手，徒勞掘井不及泉之歎耳！然有圓方④四正之手，表裏精粗無不到，則已極大成，又何云四隅出方圓耶⑤？所謂：方而圓，圓而方，超乎象外，得其寰中之上手也。

【注釋】

①不一：「楊譜」為「不易」。

②偏者，無著落也：「楊譜」為「偏者，偏無著落也」。

③能致於外之清明：「楊譜」為「能致於外氣之清明」。

④圓方：「楊譜」寫作「方圓」。

⑤方圓耶：「楊譜」寫作「方圓矣」。

按：此解寫得十分精彩，可謂無一浮詞。太極拳練習時易犯之病，述之甚詳。孰對孰錯，一目了然。毫無疑問，作者是位高士，可惜，其真容不得而知矣！另，連同此後兩篇，疑為一人之作。

太極四隅解

四正即四方也，所謂掤攦擠按也。初不知方，焉能知圓①？方圓反複之理無已②，焉能出隅之手③？緣人外之肢體，內之神氣，弗緝輕重④方圓，四正之功，始出輕重浮沉之病，則有隅矣。譬如⑤半重偏重，滯而不正，自然為採挒肘靠之隅手。或雙重填實，亦出隅手也。

病多之手，不得已以隅手扶之，而歸圓中方正之手。雖然至低者，肘靠亦及此以補其所缺⑥。以後功夫⑦，能致上乘者，亦須獲採挒而仍歸大中至正。是四隅之所用者，因失體而補缺云爾⑧。

【注釋】

①初不知方，焉能知圓：「楊譜」為「初不知方能始圓」。

②方圓反複之理無已：複應改為「覆」。「楊譜」為「方圓複始之理無已」。

③之手：「楊譜」為「之手矣」。

④輕重：「楊譜」為「輕靈」。

⑤譬如：「楊譜」為「辟如」。

⑥以補其所缺：「楊譜」為「以補其所以云爾」。

⑦以後功夫：「楊譜」為「春（疑為「夫日」）後功夫」。

⑧云爾：「楊譜」為「云云」。

太極平準腰頂解

頂如準，故曰①「頂頭懸」也。兩手平即左右之盤也②，腰即平之根株也。立如平準，所謂輕重浮沉，分釐毫絲則偏，顯然矣。有準頂頭懸，腰之根下株尾閭至尻門③也。上下一條線，全憑兩平轉④。變換取分毫，尺寸自己辨。車輪兩命門，一纛搖又轉。心令氣旗使，自然隨我便。滿身輕利者，金剛羅漢煉。對待有往來，是早或是晚。合則發放去，不必凌霄箭。涵養有多少，一氣哈而遠。口授須秘傳，開門見中天。

【附註】以上各篇均先賢原文，辭意顯淺，讀者自可體會。其難解者，再請教老師為善。

【注釋】

①故曰：「楊譜」為「故云」。

②兩手平即左右之盤也：「楊譜」為「兩手即平左右之盤也」。

③尻門：「楊譜」為「囟門」。

④兩平轉：應為「兩手轉」。

按：以上二十四篇「先賢原文」，文風不一，水準不等。有的寫得非常精彩，比如《粘連黏隨》《頂扁丟抗》《對待無病》《太極輕重浮沉解》等，有的差強人意。由此可知，諸論是集體智慧的結晶。

另外，拳論中有一詞「體育」，且頻繁使用。如「修正身，體育之道……」「不惟體育，武事之功」「體育，內也」等。查「體育」一詞，為清末留日學生從日本移植而來。它與武術相聯繫，賴有識之開明人士提倡，但這已然是民國時期的事情了，再為武林人士所接納又須一個過程。故而，「先賢原文」之彙集或者「楊譜」成譜時間應在一九三〇年前後為確。

大小太極解

天地為一大太極，人身為一小太極，人身具太極之體，故人人可以練太極拳。本固有之靈而重修之，人身如機器，久不磨則生銹，生銹則氣血滯，弊病叢生。故欲鍛鍊身體者，以練太極為最適宜。

太極練法，以心行氣，不用濁力①，純任自然。筋骨鮮折曲之苦，皮膚無磋磨之勞。不用力何能有力？蓋太極練功，沉肩②墜肘③，氣沉丹田。丹田為氣之總機關，由此分運四體百骸，周流全身，意到氣至。練到此地位，其力便不可限量，功效昭著矣！

【注釋】

①濁力：應為「拙力」。

②沉肩：亦寫作「鬆肩」。習太極拳肩關節不易放鬆，易犯「聳肩」之病，應以不考慮肩部存在為宜，又不可上臂貼身行拳，腋窩要空，可間容一拳，所謂「腋半虛，臂半圓」。如此，則兩臂伸縮自如，富有彈性。舊時，廣府拳家有腋窩夾一雞蛋行工走架之習。

③墜肘：亦寫作「沉肘」，與「沉肩」密不可分。肘尖如墜物，有下垂之意，謂之墜肘。臂不上揚高抬，又不可夾肩，其間要把握一個度，兩臂有向外撐圓之意、之勢。

太極拳能卻病延年

肥胖腹大之人，皆因欠缺運動。或純靠服食補品，以致脂肪積聚，肌肉內含水份過多。若每日練三套太極拳，即能將身上脂肪水份，連帶風濕，由毛管排洩而出。故肥者可以練瘦，瘦弱者或面色萎黃之人，雖食補品而不能肥者，亦因欠缺運動。滋養身體不能吸收，隨腸走出，故雖食補品而無效。若能每日練三次太極拳，可使血脈流通。以心行氣，無微不至。猶如樹木將枯，每日用水滋潤之，即能漸復青蔥。練拳能悅顏色，助精神，減少疾病，增壽數十載。如此幸福，千金難買也！

人既運動，肌肉發展，血氣和緩，食品能滋潤身體，故瘦能變肥。肥瘦之功，運動可以左右之。孟夫子云：「苗之將枯（即如人枯瘦），天油然作雲，沛然而雨（即如氣血潤身），苗勃然而興矣（即如人瘦將變肥矣）！」

人之思慮多者，每易患血壓高或失眠症（即中醫謂之操勞過度）。思想即是意，血隨意行，時時刻刻，思想用腦。血隨意存留在頭上，即興頭痛頭暈。猶如膠管裝水過多，即生危險。血既偏聚頭上而心血少，心即跳動不安，遂致晚上失眠。患此症者，宜用輕鬆方法練習。氣沉丹田，意注下行，將頭上存留過多之血，疏散於四肢，下行於心，心得血養。頭上輕鬆，謂之輕清上浮為天。重濁下降為地，陰陽既分，全身無偏，各得其養，身體康泰矣！

故每日練三套太極拳，所有失眠、血壓高、肺弱、胃病、腰病、腎病、貧血等，一掃而空。駝背彎腰，手足不靈，腰腿不隨諸般症候，皆有特效。人人皆可練太極拳，獲不可思議之益處。

談太極拳養身

人為動物，必須運動。太極拳運動，順自然，合生理，最宜於養身。太極拳架子之首，有預備式。此式垂手自然直立，全身放鬆。將思慮狂想丟開，將工作勞碌忘卻。如將千斤重擔放下，心中安靜，腦部亦獲休息，其益為何如耶？及乎提手舉足，開始練拳，則一動無有不動，全身骨節無有不舒暢者，全身筋絡無有運動不到者。

首式「攬雀尾」，內包含掤擺擠按四法。轉身上右步，伸右手至前方時，為「攬雀尾」。不離鬆肩墜肘，氣沉丹田，尾閭中正，虛靈頂勁。上數句字面易懂，功夫實難。同志中不鮮能將字面解說明白，惟其功夫未必能與字而相符，尤恐拘泥不化，致以辭害意也。

若言實地功夫，譬如站定「攬雀尾式」，上步時間，腿分虛實，步法為丁八步。鬆肩墜肘，鬆肩肩處不用力，墜肘非向下用力壓，只肘尖處略轉下而已。氣沉丹田，非小腹鼓勁呼吸，惟於腹臍下稍加注意而已。又恐不明白涵胸拔背之真理，作成彎腰駝背之形，故又有「尾閭中正」原則以校正之。本來涵胸即是胸部微微鬆動，後背自然稍為拔起。胸中不但微鬆，更寓有開合之意。練太極拳能醫療肺病、胃病者，要領在此而已。

練拳本來須慢須勻，恐因此無精彩，故又有虛靈頂勁，提起精神以輔助之，使練太極拳者，樣樣完善，全無缺點。張三峰祖師為人類身體健康謀幸福，可謂盡心竭力，蔑以復加矣！

學太極拳初步

太極拳本係武當內功，欲鍛鍊身體者，無論老少皆可學習。小兒八歲以上，老者六十以外，與乎體弱者皆可學習。習之數月，即漸覺強壯矣。小孩正當發育期間，練拳宜開展（即伸手與蹬腳以伸展較長為善）。惟二十歲以下青年，練拳不必涵胸。因二十歲前，骨格尚未長成，正當變遷時候，以直身為宜。過二十歲以後，方可再加涵胸。

十三式架子，三個月可學會，一年習熟，三年練好，日後愈練愈精，但非真傳不可。太極拳不得真傳，只是身體略壯耳。練拳十年，終是糊塗，焉能知精微奧妙及知覺運用？若得真傳，如法練去，金剛羅漢體不難得矣。不但體壯，自衛防身之能力寓焉。早晚練拳最宜，飯後休息半小時或一小時，方可運動。如體質弱者，量力練之。服食中西藥品或打針後，皆不可即時運動。必須休息，至復元方可繼續練習。練拳每早晚兩次或三次均可。夏天練拳，正燥熱之候千萬不可以冷水沐浴，恐致閉熱，稍息無妨。冬天練畢，速穿衣服，否則恐易受涼。練畢勿立即就坐，可步行五分鐘，使血脈調和。用功時須澄心息慮，心無所思，意無所感，專心練拳。太極對敵法甚妙，非不能用，只緣今之同志，大多單練皮毛，不肯深究，不求高師訪益友，但說太極不能實用，如此豈能怪授者不授耶？此拳由道而生，初學每日可學一兩式，不可擔率。初學略難，一月後拳式入門後則易學矣。同志常有於初學一兩月，覺拳甚好。再學三四個月後，反覺不如從前，遂感煩躁。須知此正是進步境象，蓋如無進步，不能自知拳式好壞也。初習拳者必經此階段，切勿因此懈志。

按：此節是學習太極拳入門須知：怎樣練、何時練、學習步驟、練習強度、注意事項等記述甚詳。可謂循循善誘，娓娓道來，如董先生之在眼前，堪為太極拳入門教學極好之參考教材。

習太極拳程序

初學拳時，少理論，但聽先生所教。首須不用力，全身放鬆軟。每日學一兩式，不可過多。三個月後，可以學完全套。再三個月，練習與校正姿勢。姿勢正確八九成時，可作為個人健身運動，如懷健身之寶。如願再進一步，再學三個月，學轉動路線及太極之意義。再三個月，學太極拳之勁氣。開始窺視太極拳門徑，期約一年。然非高明老師教授，不能達到目的。學拳六個月後就可學推手初步練習。第一個月亦是不用力，先學兩人粘黏打圈。第二個月，學掤擺擠按四個方法。第三個月學化勁，先學肘化，次學腰化，再學兩肩化，更要有柔軟圓滑，然後學隨機應變全身化。後再三個月，學掤擺擠按之用法，然後再學連化勁帶打法。以上為期一年，以後有暇可並學太極劍。如肯用功，再加

半年，共為期年半。拳、劍、推手三樣皆熟，略有本領，身體健康矣！此算一小乘。再續用功一年半，在此期內，可學太極槍，學推手以外各種手法。此期間內，加緊實地練習，為期共約三年。拳、劍、槍各用法皆熟，健身防身自衛皆可，有大本領。本身有拳，兵刃短有劍、長有槍，其功夫足供一生練習矣。此可稱為中乘。三年後，練拳法又不同。要聚精會神，苦心求高明老師傳授。煉精化氣，煉氣化神，煉神還虛，升入上乘門徑。太極拳分三乘：推手大圈為初乘，學化小圈為中乘，連化帶打無圈為上乘。無圈之中有圈，專打不化，打中又有化。就是大圈套小圈，小圈變無圈。此即無極生太極，陰陽八卦五行，千變萬化而歸一，得上乘之功，天下無敵矣。為期若干年，則不能預定，須視個人天份聰明與用功程度矣。本來學藝無止境，然肯下功夫者，無論如何，必一日技精一日。學者須耐心練拳，達到神化境界，非難事也。

按：練習太極拳，先走架，後推手，再劍，再槍。從小乘、中乘、大乘，苦心修煉，經年有得，所謂：太極十年不出門。此言果然不虛也！

太極虛實之解釋

常人皆知練拳時，左腿實右腿變虛。如若右腿實，左腿變虛。固為虛實。再言弓腿為實，後腿為虛則錯矣，不信者可以試驗。譬如打人一拳，推人一掌。弓實前腿，後腿變虛。自己考慮，自己站立穩否與得力否，有推人之效力否？細思當自知之。近習拳同志，每視拳為運動而忽略為拳術。此固是運動，惟每方式皆根據用法而作。故習拳要學姿式正確，根據用法目標練習，方能得太極拳之真功效。

「虛實」二字，按前人指示其意義，非如字面之簡單，茲再闡釋之。如欲上右腳，則用意將身軀重心微移至左腿立實，右腿重力既移去後變為虛，即能輕便活動。提起邁步，步之大小隨各人而定。如兩腳站穩，則兩腳皆為實。若左足想上步，右足尖向外轉移，將身重心移至右腿，此時始分虛實。右腿立實，左足輕便。

總而言之，如站定方式後，足不可虛。須分虛實時，多數前足可虛，後足為實，蓋力從根起（即足後跟也）。如運用進步變步，兩腿虛實變換，此穿梭更快，兩足可虛可實。虛者為五分力，亦有二三分者，實者為八九分力。如絲毫不著力，足部即不聽自己指揮。如實十分用力，則轉動不靈矣。

按：郝月如先生對「虛實分清」有經典闡釋，他在《身法要點》一文中指出：「何謂虛實分清？曰：兩腿虛實必須分清。虛非完全無力，著地實點要有騰挪之勢。騰挪者，即虛腳與胸有相吸相繫之意，否則便成偏沉。實非全然占煞，精神貫於實股，支柱全身，要有上提之意。如虛實不分，便成雙重。」

董先生《太極虛實之解釋》與郝氏論述有異曲同工之妙，且更為通俗、更為具體。今人當詳加體會。

太極弓腿坐腿之解釋

（弓腿）即前腿向前彎。

（坐腿）即是後腿往後坐，後腿曲膝坐低是也。

弓腿、坐腿之運用，猶如北方農夫之澆園式①（即灌田）或普通之拉鋸式，或如南方船夫之搖船形。總言之，皆是運用上下相隨之揉動力。

【注釋】

①農夫之澆園式：當代人對「拉鋸」「搖船」可能有印象或體會，而對「北方農夫之澆園式」，也許就沒有概念了。彼時無電力及現代化機械設備，灌溉澆田一般以轆轤從井中汲水。農夫搖動轆轤非僅僅靠臂力，而是腰腿用勁，達於臂手，須上下協調而相隨。習太極拳弓腿、坐腿與之相若，故用「農夫之澆園式」做比喻。

身法

提起精神　虛靈頂勁　涵胸拔脊　鬆肩墜肘　氣沉丹田
手與肩平　胯鬆膝平　尻道上提　尾閭中正　內外相合

按：武禹襄有《身法》十要傳世，即「涵胸、拔背、裹襠、護肫、提頂、吊襠、鬆肩、沉肘、騰挪、閃戰」。後，郝月如補錄三條「尾閭正中、氣沉丹田、虛實分清」，計曰十三條，並做出注釋，摘錄於下，供參照學習。

「心以上為胸。胸不可挺，要往下鬆，兩肩微向前合，謂之涵胸。能涵胸，才能以心行氣；兩肩中間脊骨處似有鼓起之意，兩肩要靈活，不可低頭，謂之拔背；兩膝著力，有內向之意，兩腿如一條腿，能分虛實，謂之裹襠；兩脅微斂，取下收前合之勢，內中感覺鬆快，謂之護肫；頭頸正直，不低不昂，神貫於頂，提挈全身，謂之提頂；兩股用力，臀部前送，小腹有上翻之勢，謂之吊襠；以意將兩肩鬆開，氣向下沉，意中加一『靜』字，謂之鬆肩；以意運氣，行於兩肘，手腕要能靈活，肘尖常有下垂之意，謂之沉肘；有動之意而未動，即預動之勢，謂之騰挪；身、手、腰、腿相順相隨，一氣呵成，向外發出，勁如發箭，迅若雷霆，一往無敵，謂之閃戰；兩股有力，臀部前收，脊骨根向前托起丹田（小腹），謂之尾閭正中；能做到尾閭正中、涵胸、護肫、鬆肩、吊襠，就能以意送氣，達於腹部，不使上浮，謂之氣沉丹田；兩腿虛實必須分清，虛非完全無力，著地實點要有騰挪之勢。騰挪者，即虛腳與胸有相吸相繫之意，否則便成偏沉。實非全然占煞，精神貫於實股，支柱全身，要有上提之意。如虛實不分，便成雙重。」

練法

不強用力　以心行氣　步如貓行　上下相隨①　呼吸自然②

一線串成　變換在腰　氣行四肢　分清虛實　圓轉如意

【注釋】

①上下相隨：表現於手、眼、身、步、精、氣、神之內外合一。手與足合、肘與膝合、肩與胯合，此謂外三合；神與意合、意與氣合、氣與勁合，此謂內三合。

神聚於目，眼為心之苗，心從意中生，我意向何處，則目視何處。目視何處，則周身直對何處，勁聚何處，如此，則上下相隨。

②呼吸自然：太極拳非以意導氣之功法，純任自然呼吸。不必刻意引導，拳勢動作自會與呼吸協調一致。如發勁必呼氣，蓄勁須吸氣，自會合拍，絕不會反之。故要呼吸自然。

然，為何又「以心行氣」「氣行四肢」呢？因為此「氣」，非指自然界空氣，而言「氣勢」，即太極拳修煉者達到一定水準時，人體自然由內而外生發出之感覺與態勢。觀楊澄甫先生拳照，氣勢磅礴，卓然不凡，無人可及。故，太極拳運動中，如「氣騰然」「行氣」「運氣」「氣沉丹田」等提法，均言「氣勢」。

習拳箴言

依規矩，熟規矩，化規矩，神規矩，不離規矩。

初習要慢，逐漸要勻，極熟後，從心所欲。

動靜虛實，陰陽開合，各種神氣姿態要表現出。

圓中有方，方中有圓。勁若斷而意實未斷也，靈動神妙，造極登峰。

習拳至此，不可思議矣。

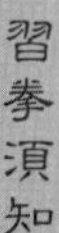

經驗談二十則

㈠、太極拳係內家拳，力出於骨，勁蓄於筋。不求皮堅肉厚，而求氣沉骨堅。故無張筋錯骨之苦，無跳躍奮力之勞。順其自然，求先天之本能，為返本歸原之功夫。

㈡、純太極拳有三到：神到、意到、形到。如身法正確，神意俱到，則進步甚速，每日有不同之感覺。學者宜細心體味之。

㈢、如身法不合，神意不到，如火煮空鐺，到老無成，有十年太極拳不如三年外家拳之譏。故第一須「勤」，第二須「悟」。功夫如何，視智慧如何。但勤能補拙，須自勉之。

㈣、練習時呼吸，要自然呼吸，勿勉強行深呼吸。功夫純熟，自然呼吸調

勻，否則有害無利。

㈤、太極十三勢，本為導引功夫。導引者，導引氣血也。故功夫純熟，氣血調勻，百病消除。千萬不可自作聰明，如舌頂上齶、氣沉丹田之類。功夫到後，自然氣沉丹田而行百脈。此乃自然之理，不可以人力強求。

㈥、鬆肩垂肘。乃言力不可聚於肩背，要將力移至臂部肘前一節，此乃意會而不能言傳者。學者要細心體味，不可泥而行之，不得滯重力沉，致難於輕靈。

㈦、提頂吊襠。提頂要天柱頭容正直，吊襠則氣由尾閭向上提也。收勁時胸要稍稍含虛，發勁時要天柱微直。切不可含胸駝背。

㈧、練拳一次至少三趟。第一趟開展筋脈，第二趟較正姿勢，第三趟再加意形。純熟之後，一出手便有意形，則進步更速。

㈨、知覺懂勁。要多推手，自得黏（沾）連黏隨之妙。如無對手，勤練架子，及時時以兩臂摸勁。假想敵人進攻，我以何法制之，日久亦能懂勁。

㈩、推手時要細心揣摩，不可將對方推出以為笑樂。務要使我之重心，對方不能捉摸。對方之重心，時時在我手中。

(十一)、太極拳行住坐臥，皆可行功，其法以心行氣而求知覺。譬如無意之間，取一茶杯，用力持之，如何感覺；不用力持之，如何感覺。行路之時，舉步之輕重，立定之時，屈腿而立，直腿而立，一足著力，雙足著力，均可體驗之。

(十二)、初步練拳時，覺身軀酸痛，此乃換力，不必驚恐，亦不可灰心。半月之後，即覺腰腿輕快，神滿氣足。

(十三)、架子練熟，推手入門，乃講功勁。太極拳有粘動勁、跟隨勁、輕靈勁、沉勁、內勁、提勁、搓勁、揉勁、貼勁、扶勁、摸勁、按勁、入骨勁、摔動勁、掛勁、搖動勁、發勁、寸勁、脆勁、抖勁、去勁、冷不防勁、分寸勁、蓄勁、放箭勁、等勁，等等以上諸勁，僅述大概。領略各種勁，在知覺運勁中求之。一人求之較難，二人求之較易。因人是活物，發勁之外，尚有靈感作用。務在人身上求之，如無對象，在空氣中求之，如打沙包轉鋼球，俱無用也。

(十四)、太極拳論云：「其根於腳，發於腿，主宰於腰，形於手指。」此發勁

之原理也。再有禁忌，如膝不可過足尖，伸手不得過鼻尖，上舉不得過眉，下壓不得過心窩。此古之遺訓也。如違此禁忌，力卸矣。變化之妙，主宰於腰。如以右手斜左推人，已過鼻尖矣，力已卸矣。但左胸往後稍含，腰部稍稍左轉，力又足矣。此變化在胸，主宰在腰也。形於手指者，渾身鬆靈，剛堅之勁，在於手指，則如純鋼鬆軟之條。上有鐵錘，向前一彈，所向披靡，無法禦之。學者細心推敲，不久可得內家真勁。手法特別者，不在此禁。

(十五)、人乃動物，並具靈感。譬如我以拳擊一人，彼當以手推開或身子閃開，決不能靜立待打，抵抗乃人之本能也。靜物則不然，如懸一沙包，垂懸不動，拳擊之後，當前後鼓蕩。然其鼓蕩之路線，乃一定之路線。向左擊之，向右蕩回，此乃物之反應也。人則不然，一拳擊去，對方能抗能空，變化無定，此人之反應也。拳術家有穩、準、狠三字。等求我不發勁，發則所向披靡。然何以求穩、準、狠？須先求靈感，如何求靈感？讀者應在前篇王宗岳先生之《行功論》內求之，即「彼不動，已不動；彼微動，已先動」。須在似動未動之時，意未起形未動之間，爭此先著，所向披靡矣！

⒃、或云練太極拳後，不可舉重物，不可用蠻力，此則未必盡然。未學太極拳，一身笨力，全體緊張。既學太極拳，全體鬆軟，筋暢氣通。務必練去全身緊張，仍須保持原來之笨力。因鬆軟之後，笨力變為真勁矣。昔人謂笨力稱之曰「膂力」，其力在肩膂之間也，不能主宰於腰形於手指也。故笨力為本錢，鬆軟是用法。得用其法，小本錢可做大事業。不得其法，本錢雖大，事業無成也。故得太極拳真理以後，舉重、摔角、拍球、賽跑，隨意可也，不必禁忌。但依編者愚見，各種運動，不如多打幾趟拳。

⒄、道經云：「一陰一陽謂之道，太極即陰陽也。」在此原子時代，何物非陰陽。故行功論有云：「偏沉則隨，雙重則滯。偏沉、雙重，陰陽不匀也。」故讀者於舉手投足，務須注意：一陰一陽，一虛一實。老子曰：「吾善藏其餘。」祈揣摩之。

⒅、《太極文武解》，「文武」二字，文以養身武以禦敵。

(十九)、以上寫出各條，均經驗也，理論也。真實功夫，尚須在十三式中求之。功夫純熟，自得得心應手之妙。練功時最好少求理論，多做功夫。余曾曰：「功夫昔人好，理論今人好。」實在理論一多，功夫不專，進境反少矣。拳術界中人多講義氣，學者當尊師重道，厚敬師傅，感動師傅，則為師者必盡心教導。此雖世俗之理，但中國人情如此，不可不注意。愛學真功夫者，更當注意也。

(二十)、孟子曰：「盡其心者，知其性也。知其性，則知天矣。火之炎上，性也；水之潤下，性也。此物之性也。春茂秋殺，天之性也。惡勞好逸，懼死貪生，此人之性也。然火遇風可吹之使下，水之過火，能蒸之使上。松柏心堅，秋冬不凋。人知禮義，見義勇為，此乃易後天之性返入先天也。」人未練拳之時，百脈滯塞，筋緊縮而短，故力聚於肩膂。既練之後，百脈暢通，筋長力舒。由肩而臂，由臂而腕，由腕而形於手指，漸漸棄後天而轉入先天。如得先天本能，則神妙不可思議。學者得此勁後，當知余言之非謬也。

按：如果說《八字歌》等諸篇為「先賢原文」，那麼，餘下文論則為董先生心得體會。他從太極拳能「卻病延年」「養身」「自衛防身」，以及入門須知、「習太極拳程式」「身法」「練法」「習拳箴言」等方面進行闡述，告國民「人人可以練太極拳」「欲鍛鍊身體者，以練太極拳極為最適宜」，稱「每日練三套太極拳，所有失眠、血壓病、肺弱、胃病、腰病、腎病、貧血等，一掃而空」，又提醒年輕人，「惟二十歲以下青年，練拳不必涵胸。因二十歲前，骨格（應為「骼」）尚未長成，正當變遷時候，以直身為宜。過二十歲以後，方可再加涵胸」。他諄諄告誡同好虛實如何分清，「弓腿為實，後腿為虛則錯矣」，一般情況「前足為虛，後足為實」，「如實十分用力，則轉動不靈矣」，習拳時「要自然呼吸，勿勉強行深呼吸」。等等這些論述，今天讀來仍不失其積極意義。尤其《經驗談》二十則，均為董先生數十年「平素經驗」之積累，非向壁虛造、嘩眾取寵之作，可謂無一虛詞浮句。董先生師承李香遠、楊澄甫等太極拳家，加上自身造詣卓然，毫無疑問，他是知曉「山下路」的「過來人」。當今太極拳傳人，無論修習何派，都不妨細心玩味這些體會，終會有所收益。

太極拳架子名目

1. 預備式
2. 太極起式
3. 攬雀尾
4. 單鞭
5. 提手上式（上下提均可）
6. 白鶴亮翅
7. 摟膝拗步
8. 手揮琵琶
9. 左右摟膝拗步（三步）
10. 手揮琵琶
11. 左摟膝拗步
12. 進步搬攬捶
13. 如封似閉
14. 十字手
15. 抱虎歸山
16. 肘底看捶
17. 左右倒輦①猴
18. 斜飛式
19. 提手
20. 白鶴亮翅
21. 左摟膝拗步
22. 海底針
23. 山通臂
24. 撇身捶
25. 上步搬攬捶
26. 上步攬雀尾
27. 單鞭

28. 左右雲手
29. 單鞭
30. 高探馬
31. 左右分腳
32. 轉身蹬腳
33. 摟膝拗步
34. 進步栽捶
35. 撇身捶
36. 上步搬攬捶
37. 斜身右蹬腳
38. 左右打虎式
39. 回身右蹬腳
40. 雙風貫耳
41. 左蹬腳
42. 轉身右蹬腳
43. 上步搬攬捶
44. 如封似閉
45. 十字手
46. 抱虎歸山
47. 斜單鞭
48. 左右野馬分鬃
49. 上步攬雀尾
50. 單鞭
51. 玉女穿梭
52. 攬雀尾
53. 單鞭
54. 雲手
55. 單鞭下勢
56. 金雞獨立
57. 左右倒輦猴
58. 斜飛式
59. 提手
60. 白鶴亮翅
61. 摟膝拗步
62. 海底針
63. 山通臂
64. 白蛇吐信
65. 上步搬攬捶
66. 上步攬雀尾

67. 單鞭
68. 雲手
69. 單鞭
70. 高探馬代穿掌
71. 轉身十字腿
72. 進步指襠捶
73. 上步攬雀尾（帶跟步）
74. 單鞭下勢
75. 上步七星捶
76. 退步跨虎
77. 轉身雙擺蓮
78. 彎弓射虎
79. 轉步搬攬捶
80. 如封似閉
81. 十字手合太極

【注釋】

①輦：現寫作「攆」。

按：董先生師從楊澄甫學藝，但所傳架子名目與其師略有不同。現將楊澄甫《太極拳體用全書》中拳架名目列於此，供參考。

1. 太極拳起勢
2. 攬雀尾
3. 單鞭
4. 提手上式
5. 白鶴晾翅
6. 左摟膝拗步
7. 手揮琵琶式
8. 左摟膝拗步
9. 右摟膝拗步

10. 手揮琵琶式
11. 左摟膝拗步
12. 進步搬攬捶
13. 如封似閉
14. 十字手
15. 抱虎歸山
16. 肘底看捶
17. 倒攆猴
18. 斜飛勢
19. 提手
20. 白鶴晾翅
21. 摟膝拗步
22. 海底針
23. 扇通背
24. 撇身捶
25. 進步搬攬捶
26. 上步攬雀尾
27. 單鞭
28. 雲手
29. 單鞭
30. 高探馬
31. 右分腳
33. 轉身蹬腳
35. 右摟膝
36. 進步栽捶
37. 翻身撇身捶
38. 進步搬攬捶
39. 右蹬腳
40. 左打虎式
41. 右打虎式
42. 回身右蹬腳
43. 雙風貫耳
44. 左蹬腳
45. 轉身蹬腳
46. 進步搬攬捶
47. 如封似閉
48. 十字手
49. 抱虎歸山
50. 斜單鞭

51. 野馬分鬃（右、左）
52. 攬雀尾
53. 單鞭
54. 玉女穿梭
55. 攬雀尾
56. 單鞭
57. 雲手
58. 單鞭下勢
59. 金雞獨立（右、左）
60. 倒攆猴
61. 斜飛勢
62. 提手
63. 白鶴晾翅
64. 摟膝拗步
65. 海底針
66. 扇通背
67. 轉身白蛇吐信
68. 搬攬捶
69. 攬雀尾
70. 單鞭
71. 雲手
72. 高探馬穿掌
73. 十字腿
74. 進步指襠捶
75. 上步攬雀尾
76. 單鞭下勢
77. 上步七星
78. 退步跨虎
79. 轉身擺蓮
80. 彎弓射虎
81. 進步搬攬捶
82. 如封似閉
83. 合太極式

〔一〕預備式

練拳之初，心中先擬定一個位置。左腳先上一步，右腳隨跟上一步。兩腳分開立齊與雙肩一樣寬，身子立直，眼平視。全身鬆靜，平穩站定。將自己日思夜慮事情丟開，專心練拳。

〔二〕太極起式

兩手不可用力，由下慢慢往前向上提起，與肩下平，兩膊肘處微向下彎。（如圖）

1式

〔一〕預備式

2式

〔二〕太極起式(1)

〔三〕又

由上式鬆肩墜肘，兩膊與氣一齊向下沉。雙掌落至胯前，氣已沉至丹田。再鬆胯，氣由腿後部，直落至足跟。此時站立，自然穩固。宜頭容正直，眼平視，即是虛靈頂勁。

【益處】全身放鬆，氣致中和。平心靜氣，筋肉鬆弛休息，氣亦調勻舒服。全身筋肉腹內五臟各部恢復適當部位，各得其所而休息，能培養精神。

【注意】練拳不可閉口藏舌，又不可時時涵胸拔背。此法是有時間性者，到收回方式才可涵胸。

有涵胸自然有拔背，千萬不可自作拔背駝形為要。

2式

〔三〕太極起式(2)

〔四〕〔五〕攬雀尾

開始練拳，右手微上提，右腿向下彎曲。右腿不動原位，與右身手眼神心意一齊向右轉。手圓轉向右斜下方，左手等右手轉落時，右足坐實，左足向左橫邁一步，用足跟先著地。同時左手由下自內微彎向上提至左方，與胸平，如弓式（等勁不必作掤字解）。眼微注左臂，手寓下轉看右手意。此時右手右足在右，左手左足在左。此謂太極動之則分，左右足平形如圖站穩。

【益處】此式謂之「開」，將全身

3式

〔四〕攬雀尾(1)

3式

〔五〕攬雀尾(2)

筋絡、肺部、胃部舒展開。凡人運動非得到伸縮不為功，伸即開，縮即合，所以練拳不能離開合之法。

〔六〕〔七〕

由上式左手由上向內，右手自下向內，轉雙手如抱球狀。此時重心移至左腿，右足輕輕提收至左足近處。向前邁步，足跟先著地，右手自下圓轉伸至前方，與肩平。右手在前為掤式，左手在後相對。

眼神隨右手隨送，眼即心之苗。眼之行動，即以心行氣之謂（掤者），即

3式

〔六〕攬雀尾(3)

3式

〔七〕攬雀尾掤式(4)

捧上架高使對方手膊不易落下也。平掤如第一道防線，敵不能推進也。

〔八〕

由上式兩手微往右擰轉寸許，擰至右手心向下，左手心向上。兩掌距離尺許，向左涵胸拉回（即是攦）。身向左微偏，同時左腿坐，右腿變為虛（虛者不用大力）（此式為攦）（功能練實左腿）。

〔八〕攬雀尾攦式(5)

【用處】（攦字即作拉回也）設對方雙手按我左膊前節，或者我左手著①住他左手隨沾貼他，或抓他左腕。同時用我右腕搭上他左肘上，兩手一齊往左將他拉斜（拳法為攦）。

【注釋】

①著：此處同「抓」意。

按：太極拳勢法亦有「擰轉」「拉回」「抓」等技擊術語，但因順勢借力而為，不用硬力，故動作必在柔和舒緩中求之。下同，不再多解。

〔九〕

由攌式兩手返轉，右手向內，左手微往後圓轉一小圈，左掌心對右腕處隨跟上右腕扶貼。兩腳原位，弓右腿，蹬左腿。雙手往前擠，身法眼神一齊進攻（右膝不可過足尖）（左腿形微彎）。（如圖）

【用法】（擠者即逼對方不能逃也，擠住不易動也）設用攌法，將他拉斜使失重心。此時速用左手扶自己右腕，雙手合力擠他上膊處。我擠到他身，雙手一齊發勁，他必跌數尺遠或丈餘，視自己功夫如何而定。

3式

〔九〕攬雀尾擠式(6)

〔十〕

由上式左腿與雙手同時慢慢收回，身法含蓄勢。將雙手收至胸前，掌心向前向下形。左腿已往後坐實，右腿力移至左腿；故右腿為虛（如圖）。

【功能】舒通胃氣，練脊背力。

【用法】設有人推來或攻擊我，我收蓄氣，空身法。敵人撲空，而他自不得力。

〔十一〕

由上式雙手向前按出時，左足不動

3式

〔十〕攬雀尾按式(7)

3式

〔十一〕攬雀尾按式(8)

原位。用微蹬力，同時右腿慢慢往前弓出，膝蓋不可過足尖。手腳一齊，兩掌向前往外推出。手指與肩平，眼平遠看。（如圖）

【功能】運動腰腿力、全身力，能發放胃氣，舒通肺氣，練掌力、眼力。

【用法】（按字即用雙手按對方，使其不得動也。向下按向前按均可。）用雙手推敵胸前，或按住他手膊。用吸沾力按實，用自己全身力由下而上。從脊背而發於掌，其勁不可限量。

〔十二〕〔十三〕

由上式雙手微上提（手形看圖），用右足跟同身手一齊向左前平轉至（四十五度），全身重心移至左腿（如(1)圖）。雙手不停，往左向下平轉。自身轉回右方時，全身重心移回右腿。曲膝

4式

〔十二〕單鞭(1)

站實，右手拇食中三指攝住，五指合攏，指尖下垂，此形為刁手。平伸至右方，左手左腿同時收回。左掌向內平收至右胸前，左腿提起，足尖向下，眼看右手（如(2)圖）。

〔十四〕

上式似停未停，左足往左前方邁一大步（足跟先著地）。左掌向外向左方轉伸，眼神隨掌轉視，轉掌向外，指仰上，左膊微曲。此時兩手分左右，弓左腿，右腿微彎。（如(3)圖）

【功能】單鞭為開勁，將肺部胃部

4式
〔十三〕單鞭(2)

4式
〔十四〕單鞭(3)

微微開放，雙手至腿全身筋肉拉開。

【用法】 寫拳練法帶用皆係假想。由上式接連而寫，單鞭之用法。由上雙手作按式而言，雙手按出。設有人前進打我，我速涵胸，右手自上落下。用手指將他拳微向右摟開，再有人自左後方打來，我轉身避過他拳，上左腳用左掌推他前胸。

〔十五〕

由上式左足跟站實，先用足尖向內微轉，全身重心移至左腿。合手提右足，同時合提至右前方，手足皆作微曲形路線。兩手是平線合攏的，掌為前後相向形。右足是由右提起，用足跟踏在前。左腿為實，右足為虛。（如圖）

5式

〔十五〕提手上式

【功能】全身之勁合聚一處，提手練法，雙手由上平合為合提手。如若雙手自單鞭式往下合勁，不作提手形寓提上意，為提手寓上式。

〔十六〕〔十七〕

由上式雙手往下，由身前向左轉右手，至胯前微停。左手不停自下由左往上圓轉，此時右腿收回，足尖向下，懸起左掌，立起摸至右膊內（如(1)圖）。接上式，右足向右前方邁出一步，全身重心慢移，右腿立實。右手膊自下由右上提，左掌由右，向左斜方按落。此時

6式

〔十六〕白鶴亮翅(1)

6式

〔十七〕白鶴亮翅(2)

左足尖提至右足前虛立，此時身向左轉，右手提高至右額外，左手落至身左邊，手足形看圖。（白鶴亮翅圖一寓提意，圖二提右手往上謂提手上式，作成式後謂白鶴亮翅）

【功能】斜開身形，練尾閭中正、虛靈頂勁。

【用法】設用左掌摸住敵右肘，自己隨用右腕或前膊往上提，抬至敵右膊跟處。右足站實，右膊向上往外反猛抖勁，可將他打起離地。此神意謂「仰之彌高」。

〔十八〕〔十九〕

由上式右手背右肘轉向下同右腰腿坐落，左手由下自外轉至前上方。兩足不動，原位。（預備摟膝如圖）

接上式不停。右手掌向後圓轉至右

〔十八〕摟膝拗步(1)

耳邊，左手自上向左斜下方摟開敵拳。左腳隨進步，足跟先著地。已經摟拳過膝，右手預備推掌。（如(2)圖）

〔二十〕

接上式不停。左足放平，右掌由耳邊向敵胸前推出。左腿弓式，膝不過腳尖。右腿在後微彎，作蹬助力，兩腿皆實。

（此三圖練法用法齊說明）

〔二一〕

由上式收回右手，伸起左手，全身

7式

〔十九〕摟膝拗步(2)

7式

〔二十〕摟膝拗步(3)

退回，坐於右腿。左足尖同時翹起，收退半步。足跟踏地（用分四力），右腿坐穩。左手在前，右手在後，手心相對，矩①離尺許，抱托琵琶式（看圖）（說明）。右手右膊微向內擰轉拉回，左手左膊由下向內擰轉托上。伸出兩兩手②，是搓勁。

8式

〔二一〕手揮琵琶

【用法】設自己右手著住敵右腕，向下微按拉直他。遠伸左掌由下托住他肘節，使他不能彎曲。

【注釋】

①矩：當為「距」。下同。

②兩兩手：當為「兩手」。

〔二二〕〔二三〕

由上式右手平轉，抽回往後小圈轉上，由右耳邊向前平推出。同時左足往前偏左方上一大步，左手隨即自前落下由膝處摟過左腿外，坐掌。同時弓左腿，右腿蹬伸微彎。（如下兩圖）

按：原文誤將圖〔二二〕、〔二三〕標混，現對調標明正確圖示。

〔二四〕（〔二五〕）

接上式。左足尖微向左外移小許，全身重心移於左腿立實。左手隨身左偏

9式

〔二二〕左摟膝拗步(1)

9式

〔二三〕左摟膝拗步(2)

後，抽轉掌心向上往後圓轉。而上手掌至耳邊，右手自前往左向下摟形。同時左腿坐實，右腳邁出，不停接二式。右足跟踏地，右手自膝蓋處摟過，弓右腿。隨即左掌由耳邊向前推出，後腿蹬勁微灣。此時左掌向前，右掌向下。（如(2)圖）

按：據下文，此節題目遺漏〔二五〕，現補遺。後文同此。

〔二六〕〔二七〕

接上式。右腳尖微向右外移動少許，全身重心，慢移於右腿坐實。右手

9式

〔二四〕右摟膝拗步(1)

9式

〔二五〕右摟膝拗步(2)

隨抽轉往後向上圓轉至右耳邊，左手自前向左往下摟。左腿自後起往前邁步，足跟踏地，弓腿。左手自膝處摟過腿外，右掌向下，右掌由耳邊向前平方推出。掌向前，右腿蹬勁微彎。（如(2)圖）

〔二八〕

由上式收回右手，左手伸長提起，全身退回重心坐於右腿。左足尖同時翹起，收退半步，足跟踏地（用四分力）。左手在前，右手在後，手心斜向相對，矩離尺許，如抱琵琶狀（姿式看

〔二六〕左摟膝拗步(1)

〔二七〕左摟膝拗步(2)

圖）（解釋說明）。

有一圖有兩三圖不等，因為姿式過渡，多少不同，路線分圖說明。初學者，易於明白。至練習時，全圖接連不停，練法前文已詳明。

〔二九〕〔三十〕

由上式右手平轉抽回，往後小圈轉上，由右耳邊向前平推出。同時左足往前偏左方上一大步，左手隨即自前往下由膝蓋處摟過左腿外，坐掌。同時弓左腿，右腿在後。

略有蹬勁，以助前右掌已經推到對

10式

〔二八〕手揮琵琶

11式

〔二九〕左摟膝拗步(1)

方胸前之掌力。（如(2)圖）

〔三一〕〔三二〕

由上式左足尖微向左外移，身腰向左微轉，鬆胯，坐左腿。右手握拳，由身左前方自下向上後方與左手同往上繞圈。此時右腳自後提往前，經左腿前，與右拳同轉至右方。

右腳落前，斜半步，右拳平沉放內脅邊。此時左手由耳邊伸前，指斜立，同時上左足。（如(2)圖）

11式

〔三十〕左摟膝拗步(2)

12式

〔三一〕進步搬攬錘(1)

〔三三〕

上圖譬如用左手攬住對方右握拳之前膊，微向外搬，使之斜偏。

此圖是左足落平，弓腿，隨勢右拳向前打出。右腿在後助攻，拳立形。左手隨同時收回，扶於右腕近處，立掌。

【用法】真實單用。左手搬住他，右舉發力打出。左手不一定要收回，隨機變通，不可泥於圖式。

〔三四〕

由上式右拳微往左轉，將拳放開。

12式

〔三二〕進步搬攬錘(2)

12式

〔三三〕進步搬攬錘(3)

左掌下轉，自右胳膊下往右伸兩手，作交叉式。右腿與身形同時縮回，有涵胸意。雙手向內肘下微曲，眼神注前，此謂「神如捕鼠之貓」。蓄神待機，兩胯裏根收縮。重心坐右腿為實，前足用二三分力。（如圖）

〔三五〕

上式為蓄神待機。此時我左手已著上他左腕，我隨反掌按曲他左膊。速用我手反掌伸出按他左肘處，成一平形。全身之力，一齊往前坐掌發出，即推出。左腿微弓形，後足不可離地，恐失

13式

〔三四〕如封似閉(1)

13式

〔三五〕如封似閉(2)

自己重心前覆。

【解說】練習時動作慢，要平均運行。

〔三六〕〔三七〕

由上式全身重心移至左足著地，身足向右擰轉（四十五度）。兩手同時如長竿，向左右分開，右腿變虛。雙手不停，向下合抱胸前。右手在外，兩掌心向內。右腳與手合抱，同時收半步，兩腿彎曲平立。（如(2)圖）

14式

〔三六〕十字手(1)

14式

〔三七〕十字手(2)

〔三八〕

由上式左足尖向裡向右略轉移，身腰均隨左足尖轉動，向右後方轉（約四十五度），坐左腿。左手向左後方向下繞右手反掌向下，隨身轉向右向下繞摟膝。右足亦隨身轉略，提右足尖著地。

〔三九〕

上式不停。右足向右後斜方踏出一步，腰向右轉。左手隨腰勢向左後方繞圈，上轉至左耳邊，向前推出，坐掌鬆肩。右手亦順勢向右往下繞過右膝在

〔三八〕抱虎歸山(1)

〔三九〕抱虎歸山(2)

先，右腿為弓式。眼視左手，左腿在後，微直。（如圖）

〔四十〕

接上式右手向後繞圈，從右耳傍伸出，掌心向前斜下方。左手轉掌心向上，變作攌式。重心仍在右腿，眼視右手（如圖）。

〔四一〕

不停。身腰向左略轉，兩手向左作攌式。坐實左腿，右腿變虛，眼視右手。以上四圖，為整個「抱虎歸山」。

〔四十〕抱虎歸山(3)

〔四一〕抱虎歸山(4)

〔四二〕

說明與「擠」同。

〔四三〕

說明與「按式一」圖同。

〔四四〕

說明與「按式二」圖同。

此三圖為「抱虎歸山」。連帶「攬雀尾」在內，「擠按式」。

15式

〔四二〕抱虎歸山(5)

15式

〔四三〕抱虎歸山(6)

〔四五〕

由上式鬆肩沉肘，掌心微用點力平摸。右足尖向內轉移，身腰隨向左方轉，兩手亦向左方平繞如摸物狀。左掌到左胸前，右手在右，眼視左手。左腿坐實，右腳變虛。（如圖）

〔四六〕

上式不停，由內往右平繞一小圈，右前左後，雙手平伸右斜方。隨將右腿彎曲，坐實立穩。左腿提起，足尖向下，寓向左轉意。（如圖）

〔四四〕抱虎歸山(7)

〔四五〕肘底看錘(1)

〔四七〕〔四八〕〔四九〕

不停。左足與身手同向左外後方轉，左足尖向左後返轉落地，雙手平轉不停。右腳隨往右橫方踏出一步，與左足心平衡。重心慢移，右腿為實。此時左手往左往下繞圈轉上，如撈物形，至面前，手指直立。此時左腳提至右足跟前半步，用左足跟虛立，足尖翹起，右手自右收至左肘下抓拳。（此三式過渡不停，故作一次說明。）

【注釋】

①（四）：當為「（三）」。

16式

〔四六〕肘底看錘(2)

16式

〔四七〕肘底看錘(4)①

16式

〔四八〕肘底看錘(3)②

②（三）：當為「（四）」。

〔五十〕〔五一〕

由上式右拳鬆開，由肘下往後自右身側邊向後轉上至右耳邊，掌心向前。左手背轉向下，將肘膊沉平。腰間與左腳自前提起，退後一步坐實。右掌自耳

16式

〔四九〕肘底看錘(5)

17式

〔五十〕左倒輦猴(1)

邊推出，伸至將直未直。右腿裏根縮收形，右腳轉正為虛，眼神看前手（如(2)圖）。右手初動時身與意向右，左手退時看左，伸右手看右，即為「左顧」「右盼」。

〔五二〕〔五三〕

接上式不停。左手自下往後轉上至左耳邊，向前坐掌伸出。右手背向下，右足自前提起向右後方退步。右膊沉著抽回腰間，掌心向上。右腿落地坐實，左足轉正變虛。右掌伸前坐掌，眼注視。左右倒輦猴，伸手懸腳皆是經過不

17式

〔五一〕左倒輦猴(2)

17式

〔五二〕右倒輦猴(1)

17式
〔五三〕右倒輦猴(2)

停。圖式坐穩為正式，習者熟思之，前後過渡式，皆作不停論。

〔五四〕〔五五〕

此二圖同前說明練法，三五七步均可，惟退五步最適合。以退至右手在前，接轉斜飛式為適合。

17式
〔五四〕左倒輦猴(1)

17式
〔五五〕左倒輦猴(2)

退步，用左手摟開右掌打他。左右均同意思。

【用法】設有人自前打來，速側身退步，用左手摟開右掌打他。左右均同意思。

如真使用，不必按圖。他用拳打來，我速側身退半步，如猴形。用四手指作向下形，自上往下，向後斜方摟開他拳，退步避之。或進打亦可，變通許多，筆難盡述。

〔五六〕〔五七〕

由上式右掌向右下方向裏繞圈，繞至左脅前。左手則從左圓轉向上轉，掌心向下，仍往右至胸前，雙手上下如合

18式

〔五六〕斜飛式(1)

18式

〔五七〕斜飛式(2)

抱。右腳尖收回半步著地，眼注右（如(1)圖）。右腳向右後斜方踏出一步，右手向斜上方，左手自胸前向左斜下方，雙手同分左右展開。身向右斜，眼視右方。弓右腿，左腿在後，斜伸如鳥展翅斜飛。

〔五八〕

由上式右手右腳提起，同時收回半步踏地。左腿彎坐實，左手同時自後由下向前伸出，如前提手式。

19式

〔五八〕提手

〔五九〕〔六十〕〔六一〕練法同前。

〔六二〕〔六三〕二圖練法同前。

20式

〔五九〕白鶴亮翅(1)

20式

〔六十〕白鶴亮翅(2)

21式

〔六一〕左摟膝拗步(1)

21式

〔六二〕左摟膝拗步(2)

〔六四〕〔六五〕

由上摟膝拗步式。右掌慢向內轉，手指向下垂，肘向下。左腳同時收回，足尖點地為虛，全身重心移右腿立穩算實。左掌微提高，眼視右手（如(1)圖）。右手指尖微用力往下插，彎身彎腿，兩

21式

〔六三〕左摟膝拗步(2)

22式

〔六四〕海底針(1)

腿裏根處用縮收力，更要鬆肩，氣由脊背逆送至丹田，方為妥善。右手伸至左膝下五寸許，眼視前下方，頭頂更要虛靈清楚為要。

【功能】練脊骨，壯腰腎。

〔六八〕〔六七〕

由海底針式。右手自下向外反掌由下往上，畫一弧線如扇面形，畫至頭項。掌反向上，五指張開，如托物狀。眼隨右手，左掌由下向前。同時左腳上步推出，五指張開。此時弓左腿，眼注左手。

22式

〔六五〕海底針(2)

23式

〔六六〕山通臂(1)

側。

【功能】練膀臂力。

【用法】如有機會，用右手由下托對方右膊。左腳上步，左掌推他右脅側。

〔六八〕〔六九〕

右上式右手彎形不變，自上向右，由身前轉落至心口前抓拳。左手上膊彎回至左額外，掌心向外。身形眼神同左足跟向裡轉（四十五度），重心仍在左腿坐實，右腳為虛，眼回視右前方。（如圖）

接前式右拳自胸前向上，返撇轉一

23式

〔六七〕山通臂(2)

24式

〔六八〕撇身錘(1)

圈。右腳提起轉正，再向右前方踏出，同右拳一齊落下。弓腿，右拳平沉放右腰間。左手與右手分開時，向左往後下圓轉至左胸前，向前方伸出，手指斜立，掌心向右，眼視左手，左腿微伸。

（如圖）

24式

〔六九〕撇身錘(2)

〔七十〕〔七一〕〔七二〕〔七三〕〔七四〕〔～〔八十〕〕

由上式身、手、腰、右腳提起，一齊向左轉作搬攬錘，與前練法同。

以上四式，是整個「搬攬錘」。

由「搬攬錘」變「攬雀尾」，應當如此多圖。

第一圖謂轉意與神，第二圖是預備好，將上第三圖謂接手。由掤手進入攬雀尾，同前法至七圖完。

按：上文述第25式、第26式，練法同前，圖片說明應為〔七十〕至〔八十〕，原文遺，括弧內為校注者補充。後同。

25式

〔七十〕上步搬攬錘(1)

25式

〔七一〕上步搬攬錘(2)

25式

〔七二〕上步搬攬錘(3)

25式

〔七三〕上步搬攬錘(4)

26式

〔七四〕攬雀尾(1)

26式

〔七五〕攬雀尾(2)

26式

〔七六〕攬雀尾(3)

26式

〔七七〕攬雀尾(4)

26式

〔七八〕攬雀尾(5)

26式

〔七九〕攬雀尾(6)

26式

〔八十〕攬雀尾(7)

〔八一〕（〔八二〕〔八三〕）

三圖練法同前「單鞭」。

〔八四〕

由「單鞭」左弓腿式。用左足跟向右內前轉橫腳尖，左手不動原位，右膊

27式

〔八一〕單鞭(1)

27式

〔八二〕單鞭(2)

27式

〔八三〕單鞭(3)

〔八四〕預備雲手(1)

斜向下沉。全身重心慢移，左腿坐實，右足變虛，眼視右手。（如(1)圖）

〔八五〕〔八六〕

右手不停由下向內轉至小腹前，右足提起，收回半步，與左腳併立（約離

〔八五〕雲手(2)

28式

〔八六〕雲手(3)

五寸）。右手由身前轉向上圓轉，此時左手慢慢下落，右手不停，經面前離尺許，向右外方反掌。此時右足實，左足虛。左手不停落轉至小腹前，雙手似未停。（如上二圖三圖為右雲手）

〔八七〕

雙手似停未停，左足橫形提起，往左橫出一大步，眼看左手。左掌心轉向內，由下往上，經身前面前圓轉。同身法。慢慢移左腿，上左掌反掌向外，與肩平，為「左雲手」。初動時右腿實，轉動至如式時左腳實。（即(4)圖）

【解釋】

按：原文「解釋」下無正文，不知何故。

28式

〔八七〕雲手(4)

〔八八〕

（圖(5)）「右雲手」與上同。兩手是循環不停，單數五、七、九步均可。第一次以九步為善。

〔八九〕〔九十〕

由上式右腕向下擰轉，大、食、中三指合攏下垂為刁手。左掌向內由下往上，經胸前圓轉。左腿提起懸立，似停未停，左手左腿同向左方，上步伸掌。左腿上步弓腿，左手自胸轉掌伸至左方，反掌向外，指向上。雙手平形，左

28式

〔八八〕雲手(5)

29式

〔八九〕單鞭(1)

29式
〔九十〕單鞭(2)

右足伸開。（如(2)圖）

〔九一〕〔九二〕

由上式右手曲回至耳邊，左腿收回，足尖著地。右手由耳邊伸至前方，左手掌心向上收回。（如(2)圖）

30式
〔九一〕高探馬(1)

30式
〔九二〕高探馬(2)

〔九三〕〔九四〕〔九五〕

由上式左腳向左斜上半步，弓腿，雙手向右斜方圓轉。右手由下轉上，雙手作交叉式。右腳向前右斜方踢出，變手同時向左右分開，左腿微曲站定。（如(3)圖）

〔九三〕右分腳(1)

〔九四〕右分腳(2)

〔九五〕右分腳(3)

31式
〔九六〕左分腳(1)

〔九六〕〔九七〕〔九八〕

由上式右腳向右斜方落下，弓腿，雙手向左方合與肩平。左手在上，右手在下，左右手距離約尺餘，眼望左手。左手向下轉至與右手作交叉式，左腳向前左斜方踢出。同時雙手分開，右腿微

31式
〔九七〕左分腳(2)

31式
〔九八〕左分腳(3)

曲站定。（如(3)圖）

〔九九〕〔一〇〇〕

由上式左腿收回，身與手向左轉，雙手作交叉式。左腿懸起，腳尖向下。右腿微曲站定，蹬左腳，雙手左右分開。（如(2)圖）

32式

〔九九〕轉身蹬腳(1)

32式

〔一〇〇〕轉身蹬腳(2)

〔一〇一〕〔一〇二〕

由上式左腳落下，弓腿。左手同時由上向下摟至左膝外，掌向下，右手由耳邊同時推出，坐掌。（如(2)圖）

33式

〔一〇一〕左摟膝拗步(1)

33式

〔一〇二〕左摟膝拗步(2)

〔一〇三〕

由上式左足步與左手同時向外圓轉，右腳上步弓腿。右手自上向下由左而右，摟至右膝外。左手由後上，由耳邊向前推出。（如圖）

〔一〇四〕

由上式右足尖向外轉，右肘曲起拿拳，上左腳弓腿。左手自上而下，由右摟至左膝外，右手向下伸拳。（如圖）

33式

〔一〇三〕左摟膝拗步(3)

34式

〔一〇四〕進步栽錘

〔一〇五〕（〔一〇六〕）

由上式轉左腳，左手由下而上，轉至右額外。右拳曲至胸前不動，雙手同時向左右分開，右拳落至右腰間。

左手由上轉後，自下伸至前方，右腿同時上步弓腿。（如(2)圖）

35式

〔一〇五〕撇身錘(1)

35式

〔一〇六〕撇身錘(2)

〔一〇七〕〔一〇八〕〔一〇九〕

練法與用法同前。

〔一〇七〕上步搬攬錘(1)

〔一〇八〕上步搬攬錘(2)

〔一〇九〕上步搬攬錘(3)

〔一一〇〕〔一一一〕〔一一二〕

由前式雙手向左右分開轉下，左足尖與身體同時向左轉。雙手由下而上，作交叉式。左腳站定，蹬右腳，雙手同時左右分開。（如(3)圖）

〔一一〇〕斜身蹬腳(1)

〔一一一〕斜身蹬腳(2)

〔一一二〕斜身蹬腳(3)

〔一一三〕〔一一四〕

由上式右腳收回，與左足平立。右手不動，左手由上轉至右肘處，雙手抓拳。左腳向左斜方上步弓腿，雙手向下由右轉至左方額上，右拳轉至胸前不動。（如(2)圖）

〔一一五〕

由上式。左手由上向左方落下，同時左腳向內轉左，反身上右步，雙手同時自下轉至右額上。右拳舉起，左拳曲至胸前，右腳弓腿。（如圖）

〔一一三〕打虎式(1)

〔一一四〕打虎式(2)

38式

〔一一五〕打虎式(3)

〔一一六〕〔一一七〕

由上式雙拳變掌，左右分開。右腳收回，左足尖微向外轉，雙手合攏作交叉式。左腳站定，蹬右腳，雙手同時向左右分開。（如(2)圖）

39式

〔一一六〕回身右蹬腳(1)

39式

〔一一七〕回身右蹬腳(2)

〔一一八〕〔一一九〕〔一二〇〕

由上式右膝曲起，身體與雙手轉至右斜方，掌心向上。左腿微曲站定，雙手下落。右腿放下作弓式，雙手自下分左右，轉上抓拳，拳頂雙對。（如(3)圖）

〔一一八〕雙風貫耳(1)

〔一一九〕雙風貫耳(2)

〔一二〇〕雙風貫耳(3)

〔一二一〕〔一二二〕

由上式雙拳放掌分開，向下圓轉而上，作交叉式。蹬左腳，雙手同時分開。（如(2)圖）

〔一二三〕〔一二四〕

由上式左足微落，向左圓轉。右足尖作螺絲轉（轉大半圈），左足著地，雙手合攏作交叉式。

左腿微曲站定，蹬右腳，雙手同時分開。（如(2)圖）

41式

〔一二一〕左蹬腳(1)

41式

〔一二二〕左蹬腳(2)

42式

〔一二三〕轉身右蹬腳(1)

〔一二五〕〔一二六〕

由上式右手反掌拿拳曲肘，同時與右腳橫轉微曲。落下左足，與左手同時上步。伸手弓左腿，打右拳。左手同時收回，扶至右手腕。（如(2)圖）

42式

〔一二四〕轉身右蹬腳(2)

43式

〔一二五〕上步搬攬錘(1)

〔一二六〕上步搬攬錘(2)

按：自圖〔一二七〕如封似閉式至圖〔一三八〕斜單鞭（一）式無文字說明，應為同前式。

〔一二七〕如封似閉(1)

〔一二八〕如封似閉(2)

45式

〔一二九〕十字手(1)

45式

〔一三〇〕十字手(2)

46式

〔一三一〕抱虎歸山(1)

46式

〔一三二〕抱虎歸山(2)

46式

〔一三三〕抱虎歸山(3)

46式

〔一三四〕抱虎歸山(4)

46式

〔一三五〕抱虎歸山(5)

46式

〔一三六〕抱虎歸山(6)

〔一三九〕〔一四〇〕

姿式與前單鞭同，惟方向為斜方。

46式

〔一三七〕抱虎歸山(7)

47式

〔一三八〕斜單鞭(1)

47式

〔一三九〕斜單鞭(2)

〔一四〇〕斜單鞭(3)

〔一四一〕〔一四二〕

由上式右掌放開，右手轉下，左手轉上，雙手轉至身前作抱球狀。右足同時收至左足前，右足再向右前斜方上步弓腿，雙手同時左右分開。右掌心向上，左掌心向下。（如(2)圖）

〔一四一〕右野馬分鬃(1)

〔一四二〕右野馬分鬃(2)

〔一四三〕〔一四四〕

由上式右手上，左手下，雙手轉至面前，如抱球狀。右足尖與身體同時向右斜轉，左足向前斜方上步弓腿。

雙手則向前後分開，左掌心向上，右掌心向下。（如(2)圖）

48式

〔一四三〕左野馬分鬃(1)

48式

〔一四四〕左野馬分鬃(2)

〔一四五〕〔一四六〕

按：節題〔一四五〕〔一四六〕為注者所加，此處遺漏說明文字，應為「與前練法、用法相同」。

〔一四七〕（～〔一五五〕）

由上式右掌向內轉下落，同時右足橫上一步。左手則同時向左方抬起，掌心向內，肘處微彎。（如圖）

以下六圖同前。

〔一四五〕右野馬分鬃(1)

〔一四六〕右野馬分鬃(2)

49式

〔一四七〕攬雀尾(1)

49式

〔一四八〕攬雀尾(2)

49式

〔一四九〕攬雀尾(3)

49式

〔一五〇〕攬雀尾(4)

〔一五一〕攬雀尾(5)

〔一五二〕攬雀尾(6)

〔一五三〕單鞭(1)

〔一五四〕單鞭(2)

50式

〔一五五〕單鞭(3)

〔一五六〕〔一五七〕〔一五八〕

由上式左手與左足同時向內轉，左手轉至腰間。同時坐左腿，右足收回半步。右手不動（如(1)圖），右足抬起橫轉落實。左掌由右肘下穿出，右手收回

51式

〔一五六〕玉女穿梭(1)

51式

〔一五七〕玉女穿梭(2)

放掌（如(2)圖），左腿向左斜方上步弓腿，左手轉上至左額外。右掌同時向左斜方推出，坐掌（如(3)圖）。

51式

〔一五八〕玉女穿梭(3)

〔一五九〕〔一六〇〕

由上式左足與身體同時向右轉，右手反掌在下（如(4)圖），翻轉右身。右

51式

〔一五九〕玉女穿梭(4)

51式

〔一六〇〕玉女穿梭(5)

足向右斜方上步，弓腿。同時右手自下轉上，至右額上，掌心向外，左掌則向右斜方推出（如(5)圖）。

〔一六一〕〔一六二〕

由上式右手自面前下落，與左肘平。左足提前如上步狀（如(6)圖），左腳向左斜方上步，弓腿。左手抬至左額上，右掌自下向左斜方推出(如(7)圖)。

〔一六三〕（〔一六四〕）

由上式左足與身體同時向右轉，右手在下，掌心向上（如(8)圖）。右足向

51式

〔一六一〕玉女穿梭(6)

51式

〔一六二〕玉女穿梭(7)

右斜方上步，弓腿。右手自下轉至右額外。掌心向外，左手同時則推至右斜方，坐掌（如(9)圖）。

以上九式，皆為「玉女穿梭式」，此式所謂：四隅玉女穿梭。

〔一六五〕～（〔一八〇〕）

由上式左手與左足同時向左橫上半步，弓腿，彎肘。右手同時下落，至右膝前。（如圖，以下五圖①同前）

【注釋】

①五圖：當為「六圖」。

51式

〔一六三〕玉女穿梭(8)

51式

〔一六四〕玉女穿梭(9)

52式

〔一六五〕攬雀尾(1)

52式

〔一六六〕攬雀尾(2)

52式

〔一六七〕攬雀尾(3)

52式

〔一六八〕攬雀尾(4)

52式

〔一六九〕攬雀尾(5)

52式

〔一七〇〕攬雀尾(6)

53式

〔一七一〕單鞭(1)

53式

〔一七二〕單鞭(2)

53式

〔一七三〕單鞭(3)

54式

〔一七四〕雲手(1)

54式

〔一七五〕雲手(2)

54式

〔一七六〕雲手(3)

54式

〔一七七〕雲手(4)

54式

〔一七八〕雲手(5)

55式

〔一七九〕單鞭(1)

55式

〔一八〇〕單鞭(2)

〔一八一〕

由上式全身向後徐徐坐下，左手落至下方。（如圖）

〔一八二〕

由上式左手由下徐徐向上抬起，右手由後方向下，同時弓左腿。右足與右手同時抬起，曲膝，右掌與眼眉齊，左掌落至身邊。（如圖）

55式

〔一八一〕下勢(3)

56式

〔一八二〕金雞獨立(1)

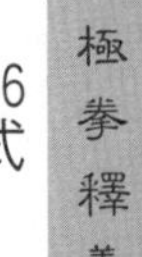

56式

〔一八三〕金雞獨立(2)

〔一八三〕〔一八四〕

由上式右足與右手同時退後，落下坐實。左足與左手同時抬起，曲膝，手指與眉齊，右掌落至身邊。（如(2)(3)圖）

〔一八五〕~〔二二五〕

按：以下圖片說明文字同前式。

56式

〔一八四〕金雞獨立(3)

57式

〔一八五〕倒輦猴(1)

57
式

〔一八六〕倒輦猴(2)

57
式

〔一八七〕倒輦猴(3)

57
式

〔一八八〕倒輦猴(4)

57
式

〔一八九〕倒輦猴(5)

57式

〔一九〇〕倒輦猴(6)

58式

〔一九一〕斜飛式(1)

58式

〔一九二〕斜飛式(2)

59式

〔一九三〕提手

60式

〔一九四〕白鶴亮翅(1)

60式

〔一九五〕白鶴亮翅(2)

61式

〔一九六〕摟膝拗步(1)

61式

〔一九七〕摟膝拗步(2)

61式
〔一九八〕摟膝拗步(3)

62式
〔一九九〕海底針(1)

63式
〔二〇〇〕海底針(2)

63式
〔二〇一〕山通臂(1)

63
式

〔二〇二〕山通臂(2)

64
式

〔二〇三〕白蛇吐信(1)

64
式

〔二〇四〕白蛇吐信(2)

65
式

〔二〇五〕上步搬攬錘(1)

65式

〔二〇六〕上步搬攬錘(2)

65式

〔二〇七〕上步搬攬錘(3)

66式

〔二〇八〕攬雀尾(1)

66式

〔二〇九〕攬雀尾(2)

66式

〔二一〇〕攬雀尾(3)

66式

〔二一一〕攬雀尾(4)

66式

〔二一二〕攬雀尾(5)

66式

〔二一三〕攬雀尾(6)

66式

〔二一四〕攬雀尾(7)

67式

〔二一五〕單鞭(1)

67式

〔二一六〕單鞭(2)

67式

〔二一七〕單鞭(3)

68式

〔二一八〕雲手(1)

68式

〔二一九〕雲手(2)

68式

〔二二〇〕雲手(3)

68式

〔二二一〕雲手(4)

68式

〔二二二〕雲手(5)

69式

〔二二三〕單鞭(1)

69式

〔二二四〕單鞭(2)

70式

〔二二五〕高探馬

〔二二六〕

由上式右手按下，左手由右掌上穿出。同時左腿上步，弓腿。（如圖）

【注釋】

①代掌穿：原刻本錯訛，當為「代穿掌」。

〔二二七〕〔二二八〕

由上式轉左掌左足，與身體同時向右轉。左腿坐實，左手轉至左耳邊。右掌心向下，蹬右腳，雙手同時分開，左腿微曲。（如圖）

70式

〔二二六〕代掌穿①

71式

〔二二七〕轉身十字腿(1)

71式

〔二二八〕轉身十字腿(2)

〔二二九〕〔二三〇〕

由上式右手轉下拿拳，與右足同時落下坐實，右拳落至腰間。左手由上向右方落下，轉至左膝外。左足於左手落下時上步弓腿，右拳向前下方打出。（如圖）

72式

〔二二九〕進步指襠錘(1)

72式

〔二三〇〕進步指襠錘(2)

〔二三一〕上步攬雀尾(1)

〔二三二〕上步攬雀尾(2)

〔二三三〕上步攬雀尾(3)

〔二三四〕上步攬雀錘(4)

73式

〔二三五〕進步指襠錘(5)

73式

〔二三六〕上步攬雀錘(6)

74式

〔二三七〕單鞭(1)

74式

〔二三八〕單鞭(2)

〔二四一〕

由上式左手抬起，左足微向外轉，同時弓腿。右手向下彎曲，與右足同時伸至前方。雙手拿拳，作交叉式。左足坐實，右足虛上半步。（如圖）

74式

〔二三九〕單鞭(3)

75式

〔二四一〕上步七星錘

74式

〔二四〇〕下勢

〔二四二〕〔二四三〕

由上式雙舉放掌，微向下落。右足向後抬起，坐落後方。同時雙手向左右分開，右手微高，左足同時虛收半步，足尖著地。（如圖）

〔二四四〕～〔二四七〕

由上式左手向上轉，右手向下轉，雙手轉合至身前。左足提起，向右方轉至後方。左腿坐實，身手同時圓轉一圈。左手在上，右手在下。右足虛站半步，右足提高，左右雙手同時向足面一拍。（如(4)圖）

76式
〔二四二〕退步跨虎(1)

76式
〔二四三〕退步跨虎(2)

77式

〔二四四〕轉身雙擺蓮(1)

77式

〔二四五〕轉身雙擺蓮(2)

77式

〔二四六〕轉身雙擺蓮(3)

77式

〔二四七〕轉身雙擺蓮(4)

〔二四八〕～〔二五〇〕

由上式右足向右斜方落下，弓腿。雙手拿拳向上，曲至右斜方，雙手由右斜方向左斜方打出。（如(3)圖）

〔二四八〕彎弓射虎(1)

〔二四九〕彎弓射虎(2)

〔二五〇〕彎弓射虎(3)

〔二五一〕～〔二五三〕

由上式手鬆拳反掌，雙手向下轉。

（同前如(3)圖）

79式

〔二五一〕轉步搬攬錘(1)

79式

〔二五二〕轉步搬攬錘(2)

79式

〔二五三〕轉步搬攬錘(3)

〔二五四〕～〔二五八〕

80式

〔二五四〕如封似閉(1)

81式

〔二五六〕十字手(1)

80式

〔二五五〕如封似閉(2)

81式

〔二五七〕十字手(2)

81式

〔二五八〕合太極

按：董先生拍攝的這套二百五十八張拳照生動傳神、惟妙惟肖，走架神態躍然紙上。拳勢鬆沉輕靈、蓄放自如，勁整勢圓、形神兼備，使讀者眞正體會到太極拳走架無人似有人的境界。

試想：在拍照技術尚且落後的民國，能夠製作成如此精美的系列圖片，肯定不惜工本，傾注不少心血。再加上董先生對拳勢練法注解不厭其煩，以求翔實，以方便後學按圖索驥，自易明白領悟，儘快掌握要領，無疑是錦上添花，使得這套拳照更加難能可貴。再為董先生點贊！

四正推手法

四正推手，即二人推手，掤、攦、擠、按四法也。

掤，即捧上架高使對方手膊不易落下也。平掤如第一道防線，使對方不能進也。

攦，即拉也。將對方拉斜，使其立足不穩，我即有可乘之機。

擠，即逼對方不能逃也，擠住不易動也。

按，即用雙手按住對方，使對方不得動也，向下按向前按均可。

練時你攦我擠，我擠你將按，你按我預掤，我掤你再按，我同時又斜攦。此四手法，上下、左右、前後，周而復始，圓轉自如。二人常常練習，功久自熟，熟能生巧。久之手膊漸有知覺，即能懂勁。懂勁後，愈練愈精。初學非師傳指導不可，學識方式後即能自行練習。

四正推手圖

（搭手圖）

（掤）甲

乙（擠）

甲(握)

甲(按)

四隅推手圖

四隅推手即大攦即採裂肘靠四斜方甲乙可能互相連用

（搭手圖）

四隅推手法（即大擺）

四隅推手者，一名大擺。大擺者，大步長手將對方拉之旋轉也。亦即兩人推手時用採裂肘靠四法，向四斜方周而復始，互相推手運動，以濟四正之所窮。

採，即雙手抓住對方手腕，由高向下猛烈巨力一拉。（用寸勁）

裂，即將對方姿式或勁力分裂開，使其力量不能集中。（用牽動勁）

肘，即用肘直打橫打，旋轉打掇打。（用內勁）

靠，即用肩背靠近對方上身碰抖。（用內勁）

作此動作時兩人南北對立，作雙搭手右式。上圖東、西、南、北為四正方，東南、西南、東北及西北為四隅方。甲及乙乃練習推手之兩人。在未推手之前，兩人分立於中央，南北相對。推手時㈠甲退西南，㈡乙退東南，㈢甲退

東北，㈣乙退西北。合為一周。

白衣者為甲，黑衣者為乙。甲立於南方面北，乙立於北方面南。作右雙搭手，即兩人之右手在前，雙方腕背黏粘，各以左掌撫對方之右肘尖處。雙方注神前視，作準備及進攻之勢。

甲左足尖向右轉，右足則向後向西南斜方退一步，作騎馬式（丁八步）。右臂平屈，右手掌撫乙之右腕（採），左臂屈肘。用左前臂接於乙之右臂，手心斜向上，向內作採擺之勢。乙隨甲之退步採擺之勢，即將左足向前橫進一步，提起右足，直向甲之襠中踏進。同時伸舒右臂，順勢向下。肩則隨甲之採擺之勁，向甲之胸前靠去。左手則繞一小圈，撫於右臂內輔助之。時甲乙兩面相對。

甲左手按乙之左腕，右手按其左肘尖（謂之「裂」）。此時是一個用法。如左足自外轉向內襠中踏上一步，就可換步，換式以後仿此。

此圖是單面。如行右單面，練習右手，不必按他右手，用閃法向他面用

掌。乙右手隨甲右手不離跟上去，甲上右足，乙退左足。兩人並立不停，乙隨即將右足向後東南斜方退一步，作騎馬式。乙右手將甲之右腕平屈，右臂將甲之手向後向下採，左臂以肘前節擺甲之右臂。甲承乙之退步，採擺時，左足向前橫上一步。即提右足直向乙之襠中踏進，作騎馬式弓步。同時右臂彎肘，順勢先可用肘肩。則隨乙之採擺之勁，向乙之胸部前靠。左手則繞小圈，撫於右臂內輔助之。亦可作擠勢。乙左手尖撫甲之左腕外部，右手掌撫肘尖，作按勢。同時提右足約與左足並立，甲亦同時收右足與左足並立。隨即承乙之按勁，移右足向後東北斜方退一步，而以右手撫乙之右腕，平屈右臂，向後採之。同時屈左肘以左前臂按乙之右臂，作擺勢。乙亦隨甲之採擺之勁，移左足向前橫上一步，起右足向甲之襠中踏進，伸左臂斜向下以順其採擺之勁。同時用肩向甲之胸部前靠，左手向後小圈，撫於右臂內輔助之。亦作擠勢。

甲即以左手撫乙之左腕外部，右手掌則撫其肘尖，作按勢，並收右足約與左足平立。乙隨甲之按勢，亦收回右足，與左足平立。乙同時移右足向後方西北隅斜退一步，作騎馬式。右手撫甲之右腕，平屈右臂，將甲之右手向後斜下採。左臂平屈左肘，用左前臂將甲之右臂作擺勢。甲承乙之退步，及採擺時左足向前橫出一步，及起右足直向乙之襠中踏進，作騎馬式。右步，伸舒右臂，順勢向下。而右肩則隨乙之採擺之勁，向其胸前靠去。左手則向後繞小圈，撫於右臂內輔助之。亦作擠勢。乙左手撫甲之左腕，右手掌撫其左肘尖。同時收右足向前與左足並立，作按勢。而甲亦同時收右足退至與左足並立，回復南北對立之式。是為一周。可繼續循環練習，至連續若干周，則適隨練者之氣力所及也。

按：推手，太極拳特有之雙人對練法，程式固定，如四正、四隅推手法等。推手與走架理惟一貫，走架如同與無形者推手，推手如同與有形者走架。所謂：走架即是推手，推手即是走架。無人當作有人，有人當作無人。走架練習知己功夫，推手獲得知人功夫。知己知彼，方能百戰不殆。而能知己，才能知彼。故，必須先學走架，後習推手。待走架熟練之後，再行推手。二者互為補充，均不可懈怠。董先生介紹推手法甚詳，圖文並茂，讀者自可摩學。

五行步法

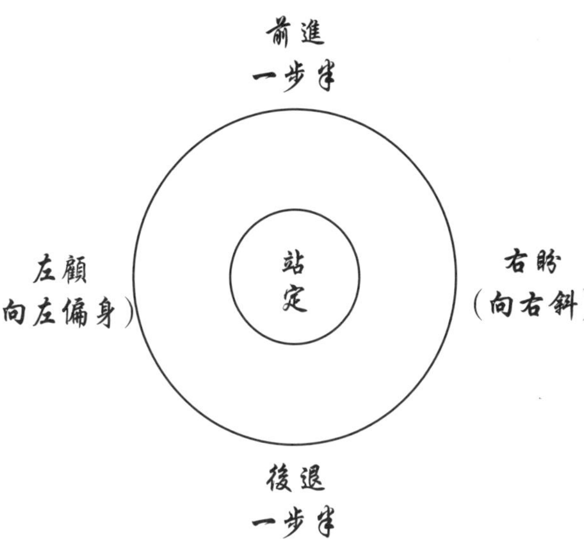

五行步法，即金、木、水、火、土，五行方位變化為此五步。

進步屬火，

退步屬水，左顧屬木，

右盼屬金，

站定即中土。

此為太極拳術基本步法，推手散手均適用。中定站穩，左右能換步，進退自如。

太極劍式（共五十一式）

三環套月　魁星式　燕子抄水　左右攔掃

小魁星　燕子歸巢　靈貓捕鼠　鳳凰抬頭

黃蜂入洞　鳳凰右展翅　小奎星　鳳凰左展翅

等魚式　左右龍行　宿鳥投林　烏龍擺尾

青龍出海　風捲荷葉　左右獅子搖頭　虎抱頭

野馬跳澗　勒馬式　指南針　左右迎風撣塵

順水推舟　流星趕月　天馬行空　挑簾式

左右車輪　燕子銜泥　大鵬展翅　海底撈月

懷中抱月　哪吒探海　犀牛望月　射雁式

青龍探爪　鳳凰雙展翅　左右捨攔　射雁式
白猿獻果　左右落花　玉女穿梭　白虎攪尾
魚躍龍門　左右烏龍絞柱　仙人指路　朝天一指香
風掃梅花　牙笏式　合太極

按：楊澄甫先生無劍式資料，其長子振銘（一九一一—一九八五年）劍法有傳，勢名謹列於下，供讀者比較、參考。

1. 起勢　2. 三環套月　3. 魁星勢　4. 燕子抄水
5. 左右攔掃　6. 小魁星　7. 燕子入巢　8. 靈貓撲鼠
9. 鳳凰抬頭　10. 黃蜂入洞　11. 鳳凰右展翅　12. 小魁星
13. 鳳凰左展翅　14. 等魚勢　15. 左右龍行勢　16. 宿鳥投林
17. 烏龍擺尾　18. 青龍出水　19. 風捲荷葉　20. 左右獅子搖頭
21. 虎抱頭　22. 野馬跳澗　23. 勒馬勢　24. 指南針

25. 左右迎風撣塵
26. 順水推舟
27. 流星趕月
28. 天馬飛瀑
29. 挑簾勢
30. 左右車輪
31. 燕子銜泥
32. 大鵬展翅
33. 海底撈月
34. 懷中抱月
35. 哪吒探海
36. 犀牛望月
37. 射雁勢
38. 青龍探爪
39. 鳳凰雙展翅
40. 左右跨攔
41. 射雁勢
42. 白猿獻果
43. 左右落花勢
44. 玉女穿梭
45. 白虎攪尾
46. 魚跳龍門
47. 左右烏龍絞柱
48. 仙人指路
49. 朝天一柱香
50. 風掃梅花
51. 牙笏勢
52. 合太極

太極刀歌訣

七星跨虎交刀勢，騰挪閃展意氣揚。左顧右盼兩分張，白鶴展翅五行掌。風捲荷花葉內藏，玉女穿梭八方勢。三星開合自主張，二起腳來打虎式。披身斜掛鴛鴦腳，順手推舟鞭作篙。下勢三合自由招，左右分水龍門跳。卞和攜石鳳還巢，吾師留下四刀贊，口傳心授不妄教。

附四刀用法：斫①剁、剗②、截割、撩腕。

【注釋】

①斫：當為「斫」，音ㄓㄨㄛˊ，意為用斧、刀砍。

②剗：音ㄔㄢˇ，同「鏟」。

太極槍

第一槍刺心，第二槍刺腿，第三槍刺膊，第四槍刺喉。（以上為粘黏四槍）

第一槍刺心，第二踏刺膀，第三槍刺足，第四槍刺面。（以上為四散槍。

總上八槍為體）

第一槍採槍，第二槍捌槍，第三槍扔槍，第四槍鏟槍。（以上四槍為用）

第十三槍為纏槍。（即如司令，萬法可用）

劍、刀、槍各式均錄於前，因身法複雜無法製圖。總之太極拳成功，各項兵器隨心所欲，持兵器接長兩手而已。其挑、撥、刺、砍、削、拖之勁，完全

以打拳所得之內勁用之。其招架之靈感，亦在拳內求之。功夫純熟，可生千百眼，千百手。此非言大而誇也，讀者貫通後，當知所言非虛。

自古拳術名稱本無一定，多數以形取名，以名取義，以義收其功效。太極拳亦然，快拳也不外如是。

按：器械，無論劍、刀、槍，均如「接長兩手」，故拳法之練習原則、要領等，同樣適用於器械。然，劍如靈蛇、刀呈虎威、槍似游龍，其勢各異。

劍法，抽、帶、提、撩、截、點、崩、托、掛、劈、刺、挑、剪；刀法，劈、掃、撩、砍、崩、挑、格、攔、托、刺、抹、截、按；槍法，掤、挑、合、纏、崩、劈、點、紮、撥、撩、帶、滑、截。均為十三勢。熟練之，則於拳技大有補益，不可或缺。

太極快拳（又名英傑快拳）

攬切衣（快） 單鞭（快） 合勁（慢）

仙鶴張翅（微停） 托琵琶（慢） 轉琵琶（慢）

裂掌（快） 跳步搬攬捶（快） 連環圓封閉（快）

豹虎回山洞（快） 挫掌簸箕式（慢） 進退閃戰（圓轉）

大鵬騰空（凌空） 撞肋捶（慢） 白猿閃身（退慢）

鳳凰斜展翅（微停） 返身搬按捶（微停） 進步攬挫衣（快）

連環式（快） 刁手（快） 左閃右避（慢）

探馬式（慢） 英雄獨立（快） 騰身法（快）

撩掌（慢） 鳳還巢（快） 太極還元（立穩）

快拳是由上乘功夫，經實用而發明，有慢有快。慢是以靜待動，快是發勁神速。有陰陽，有虛實，有精神，有蓄神。身法巧妙，姿式精彩。然非有三年以上功夫，不易領略也。妙法甚多，待出專書詳論之。

董英傑太極快拳緣起

太極拳非不可以新發明，亦非人人可以能發明。有董老師高深功夫，能文能武，文武兼全而後可。董老師為太極拳術界老前輩，南中國第一名師也。以練拳三十年之經驗，發明一套太極快拳。此拳令人精神奮發，人人悅意學習。特長有三：㈠精彩，㈡實用，㈢神速。既為董老師所發明，故可稱曰「董英傑太極快拳」。其練法與用法合一，體用兼備，寓武於文。一舉兩得，事半功倍。誠太極之光輝，後學之福音也。

黎仙裁

按：太極拳不能固步自封，不能一成不變，「可以能發明」。它與時與勢俱進，不斷創新，符合事物發展的普遍規律，「太極快拳」就是一次有益嘗試。「快拳是由上乘功夫，經實用而發明……妙法甚多……」此為專門研習技擊者而編創的練功架。快，並非勢勢快練，而是快慢相間。「慢，是以靜待動，快是發勁神速。」看來，太極拳行功走架於柔和緩舒中加入發勁動作概由董先生始。

國家圖書館出版品預行編目資料

董英傑太極拳釋義／董英傑　著
——初版，——臺北市，大展，2019〔民108.03〕
面；21公分 ——（武學名家典籍校注；11）
ISBN 978-986-346-242-2（平裝）
1.太極拳
528.972　　107023893

董英傑 太極拳釋義

著　　者／董英傑
校 注 者／楊志英
責任編輯／胡志華
發 行 人／蔡森明
出 版 者／大展出版社有限公司
社　　址／台北市北投區（石牌）致遠一路2段12巷1號
電　　話／（02）28236031・28236033・28233123
傳　　真／（02）28272069
郵政劃撥／01669551
網　　址／www.dah-jaan.com.tw
E-mail／service@dah-jaan.com.tw
登 記 證／局版臺業字第2171號
承 印 者／傳興印刷有限公司
裝　　訂／眾友企業公司
排 版 者／弘益電腦排版有限公司
授 權 者／北京科學技術出版社
初版1刷／2019年（民108）3月

定價／380元

大展好書　好書大展

品嘗好書　冠群可期